MAX-PLANCK-INSTITUT
FÜR AUSLÄNDISCHES UND INTERNATIONALES SOZIALRECHT

Geschichte des schweizerischen Sozialversicherungsrechts

Schriftenreihe
für Internationales und Vergleichendes Sozialrecht

Herausgegeben von Hans F. Zacher, München

Band 6c

Geschichte des schweizerischen Sozialversicherungsrechts

Von

Dr. iur. Alfred Maurer

Professor an der Universität Bern

DUNCKER & HUMBLOT / BERLIN

Beitrag aus Band 6 der Schriftenreihe für Internationales und Vergleichendes Sozialrecht „Ein Jahrhundert Sozialversicherung in Deutschland, Frankreich, Großbritannien, Österreich und der Schweiz", herausgegeben von Peter A. Köhler und Hans F. Zacher

Alle Rechte vorbehalten
© 1981 Duncker & Humblot, Berlin 41
Gedruckt 1981 bei Berliner Buchdruckerei Union GmbH., Berlin 61
Printed in Germany
ISBN 3 428 04882 2 (Gesamtausgabe)
ISBN 3 428 04899 7 (Bd. 6 c)

Vorwort

Der vorliegende Bericht ist in drei Abschnitte gegliedert. Er gibt in seinem ersten Abschnitt — besonders für ausländische Leser bestimmt — zunächst einige allgemeine sowie staatsrechtliche Hinweise zur Schweiz. Sodann skizziert er die Bundessozialversicherung nach geltendem Recht. Damit grenzt er das Rechtsgebiet ein, dessen Geschichte dargestellt werden soll. Der zweite Abschnitt zeichnet, als Hauptabschnitt, Entstehung und Entwicklung der Sozialversicherung im schweizerischen Bundesstaat, also von 1848 bis zur Gegenwart nach. Er ist in mehrere Perioden unterteilt. Für sie schildert er, soweit dies das Verständnis für die gesetzgeberischen Akte erleichtert, auch außerrechtliche Gegebenheiten, z. B. wirtschaftliche, sozialpolitische und politische Rahmenbedingungen. Oft ist es freilich notwendig, Vorkommnisse in die Betrachtung einzubeziehen, die sich bereits vor der zu behandelnden Periode oder auch erst nach ihr abgespielt haben; denn sonst würden Erscheinungen, die sachlich zusammengehören, künstlich durchgeschnitten. Es liegt auch nahe, Vorläufer der eigentlichen Sozialversicherung darzustellen oder doch zu erwähnen. Der dritte Abschnitt schließlich enthält Schlußbemerkungen. Mit ihnen sollen einige besondere Aspekte hervorgehoben werden, so z. B. die entscheidende Rolle, die Gesetzesreferendum und Verfassungsinitiative in unserer Geschichte der Sozialversicherung gespielt haben.

Das Max-Planck-Institut für ausländisches und internationales Sozialrecht in München will im Rahmen eines größeren Forschungsvorhabens die Geschichte des Sozialversicherungsrechts für Deutschland, Frankreich, Großbritannien, Österreich und die Schweiz in besonderen Landesberichten festhalten. Den Anstoß gab ihm ein geschichtliches Ereignis: Am 17. November 1881 wurde vor dem Deutschen Reichstag die Kaiserliche Botschaft verkündet, welche die Gesetzgebung Bismarcks über die Sozialversicherung eingeleitet hat. Dadurch ist ein Prozeß in Gang gesetzt worden, der in ungezählten Ländern Sozialversicherungen entstehen ließ. Es war deshalb angezeigt, auch im vorliegenden Bericht der Frage nachzugehen, ob und in welcher Weise Bismarck durch seine Sozialgesetzgebung die schweizerische Entwicklung der Sozialversicherung beeinflußt hat.

Die genannten Landesberichte werden in einem Sammelband in deutscher, englischer und französischer Sprache herausgegeben. Die vorliegende separate Buchausgabe enthält lediglich den Landesbericht Schweiz.

Zürich, den 31. Dezember 1979

A. M.

Dieses Buch hat eine doppelte Paginierung. Die inneren Seitenzahlen gelten für dieses Buch, die äußeren Seitenzahlen für den Gesamtband.

Inhaltsübersicht

Erster Abschnitt: Grundzüge und Eigenarten der Bundessozialversicherung in der Schweiz

I. Allgemeines	11	741
1. Land und Leute	11	741
2. Die Bundesverfassung	12	742
a) Organisation und Gesetzgebungskompetenz des Bundesstaates	12	742
b) Verfassungsinitiative und Referendum	13	743
c) Kantonsverfassungen	13	743
d) Der Bund als sozialer Rechtsstaat	14	744
II. Skizzierung der Bundessozialversicherung nach geltendem Recht	14	744
1. Begriffliches	14	744
a) Kontroversen	14	744
b) Sozialversicherung als öffentlich-rechtlich geregeltes Versicherungsverhältnis	14	744
c) Definition und Zweige der Bundessozialversicherung	16	746
2. Kranken- und Unfallversicherung gemäß KUVG	16	746
a) Krankenversicherung	17	747
b) Unfallversicherung	18	748
3. Alters- und Hinterlassenenversicherung (AHV)	19	749
4. Invalidenversicherung (IV)	22	752
5. Ordnung der Ergänzungsleistungen zur AHV/IV (EL)	23	753
6. Erwerbsersatzordnung (EO)	24	754
7. Arbeitslosenversicherung (AlV)	24	754
8. Familienzulageordnung (FLO)	25	755
9. Militärversicherung (MV)	25	755
10. Rechtspflege	26	756
a) Fundstellen der Gesetze	26	756
b) Erstinstanzliche Sozialversicherungsgerichte	26	756
c) Das VwG	26	756
d) Eidg. Versicherungsgericht (EVG)	26	756

Zweiter Abschnitt: Entstehung und Entwicklung der Sozialversicherung im schweizerischen Bundesstaat

A. Von der Gründung des Bundesstaates bis zum Ende des Ersten Weltkrieges (1848 - 1918) 28 758

    I. Die Bundesverfassungen von 1848 und 1874 .... 28 758

        1. Die Bundesverfassung vom 12. September 1848 .... 28 758

        2. Ursprünglich keine sozialpolitische Kompetenz des Bundes 28 758

        3. Die Bundesverfassung vom 29. Mai 1874 .... 29 759

        4. Der noch heute geltende Artikel 34 .... 29 759

    II. Die Zeit von 1875 - 1890 .... 30 760

        1. Industrialisierung und Industriearbeiter 30 760

            a) Beginn der Industrialisierung 30 760

            b) Soziale Situation der Industriearbeiter 31 761

            c) Entstehung schweizerischer Wirtschaftsverbände .. 32 762

            d) Keine größeren sozialen Unruhen in der Schweiz .. 32 762

            e) Fabrik- und Fabrikhaftpflichtgesetzgebung — Kantonale Sozialgesetze — Arbeiterselbsthilfe und andere private Unterstützungseinrichtungen 32 762

        2. Das Fabriksgesetz von 1877 .... 35 765

            a) Der Liberalismus 35 765

            b) Kantonale Arbeiterschutzgesetzgebungen 36 766

            c) Der Erlaß des Fabriksgesetzes von 1877 .... 36 766

                aa) Artikel 1 Abs. 2 und das „Fabrikverzeichnis" .. 38 768

                bb) Die Prophylaxe 38 768

                cc) Artikel 5 Abs. 2 b: Kausalhaftung bei Betriebsunfällen 38 768

                dd) Artikel 5 Abs. 2 d: Berufskrankheiten 38 768

        3. Die Fabrikhaftpflichtgesetze von 1881 und 1887 .... 39 769

            a) Das Bundesgesetz betreffend die Haftpflicht aus Fabrikbetrieb vom 25. Juni 1881 .... 39 769

            b) Das Bundesgesetz betreffend die Ausdehnung der Haftpflicht und die Ergänzung des Bundesgesetzes vom 25. Juni 1881 vom 26. April 1887 .... 40 770

            c) Ablösung der Fabrikhaftpflichtgesetze durch das KUVG 42 772

        4. Die schweizerische Privatversicherung 42 772

            a) Brandversicherung als erste öffentliche Versicherung 42 772

            b) Mißerfolg der ersten Lebensversicherungen 42 772

            c) Entstehung der Privatversicherungswirtschaft 43 773

d) Statistischer Vergleich	43	773
e) Schrittmacherrolle der Privatversicherung	43	773
f) Mängel des frühen Versicherungswesens	43	773
g) Versicherungsaufsicht durch Bundesgesetz von 1885 und das Versicherungsvertragsgesetz von 1908	44	774
h) Haftpflichtgesetze und Privatversicherung	44	774
i) Privatversicherungsgesellschaften als Sozialversicherungsträger?	44	774
5. Bismarcks Sozialversicherungsgesetzgebung	45	775
a) Die Kaiserliche Botschaft vom 17. November 1881	46	776
b) Wirkungen der drei Bismarckschen Stammgesetze	47	777
aa) Das Obligatorium	47	777
bb) Beiträge und Staatszuschuß	48	778
cc) Lohnbezogene Beiträge	48	778
dd) System mehrfacher Trägerschaft	49	779
ee) Unfallversicherung statt Unternehmerhaftpflicht	49	779
6. Die erste Bundeskompetenz zur Gesetzgebung über die Sozialversicherung	50	780
a) Forrers Denkschrift von 1889	50	780
b) Die Botschaft vom 28. November 1889	50	780
c) Artikel 34 bis BV	51	781
III. Die Zeit von 1891 bis 1918	52	782
1. Die Lex Forrer	52	782
a) Volksabstimmung vom 20. Mai 1900	52	782
b) Die in der Lex Forrer vorgesehenen Regelungen	53	783
c) Militärversicherung	53	783
2. Das Bundesgesetz über die Kranken- und Unfallversicherung vom 13. Juni 1911 (KUVG)	54	784
a) Entwurf zum KUVG von 1906	54	784
b) Volksabstimmung über das KUVG vom 4. Februar 1912	56	786
c) Errichtung des Bundesamts für Sozialversicherung	56	786
d) Schaffung der SUVA	56	786
e) Das Ergänzungsgesetz zum KUVG von 1915	57	787
f) Konsequenzen für die Privatversicherung	57	787
g) Erste Verwendung der Bezeichnung „Sozialversicherung"	57	787
3. Weitere bedeutsame Gesetze jener Epoche	57	787
a) Kodifikation des Privatrechts	57	787
b) Arbeiterschutzgesetzgebung	58	788

B. Die Zeit zwischen den beiden Weltkriegen (1919 - 1939) 58 788

   I. Allgemeines 58 788

      1. Der Erste Weltkrieg 58 788
      2. Auswirkungen auf die Schweiz 59 789
      3. Folgen des Landesstreiks 59 789
      4. Erwachen des sozialpolitischen Verständnisses 60 790
      5. Von der Konfrontation zur Kooperation 60 790
      6. Die Weltwirtschaftskrise 61 791

   II. Bundesmittel für die Arbeitslosen 61 791

      1. Arbeitslosenfürsorge 61 791
      2. Trotz Bundesgesetz vom 17. Oktober 1924: keine befriedigende Ordnung der Arbeitslosenversicherung ... 62 792

   III. Alters-, Hinterlassenen- und Invalidenversicherung 63 793

      1. Volksabstimmung über Artikel 34 quater BV vom 6. Dezember 1925 .... 63 793
      2. Scheitern der „Lex Schulthess"; Verstärkung der Alters- und Hinterlassenenfürsorge 64 794

C. Der Zweite Weltkrieg (1939 - 1945) 65 795

   I. Vollmachtenbeschluß 65 795

   II. Lohn- und Verdienstersatzordnung 65 795

      1. Militärische Notunterstützung während des Ersten Weltkrieges 65 795
      2. Die Neuregelung vom 20. Dezember 1939 und weitere Beschlüsse während des Zweiten Weltkrieges 66 796

   III. Arbeitslosenversicherung 67 797

   IV. Familienzulageordnung 68 798

D. Entwicklung der Sozialversicherung seit dem Zweiten Weltkrieg

   I. Wirtschafts- und Sozialpolitik 68 798

      1. Wirtschaftliche Blüte seit 1945 .... 68 798
      2. Statistisches 68 798
      3. Das Problem der Überfremdung 69 799
      4. Stürmische Entwicklung der Sozialversicherung 69 799
      5. Überführung von Vollmachtenbeschlüssen ins ordentliche Recht 70 800

   II. Alters- und Hinterlassenenversicherung 70 800

      1. Das Bundesgesetz vom 20. Dezember 1946 .... 70 800
      2. Ausbau der AHV 71 801
      3. Statistisches 72 802

	4. Das „Drei-Säulen-Prinzip" des neu gefaßten Art. 34 quater BV	72	802
	5. Die AHV-Revisionen	73	803
	a) 1. AHV-Revision	73	803
	b) 2. AHV-Revision	73	803
	c) 3. AHV-Revision	74	804
	d) 4. AHV-Revision	74	804
	e) Anpassungsrevision	74	804
	f) 5. AHV-Revision	75	805
	g) 6. AHV-Revision	75	805
	h) 7. AHV-Revision	76	806
	i) 8. AHV-Revision	77	807
	k) Rezessionsbedingte Bundesbeschlüsse	78	808
	l) 9. AHV-Revision	78	808
	m) 10. AHV-Revision in Vorbereitung	80	810
	n) Auswirkungen der AHV-Revisionen auf andere Gesetze	80	810
III.	Militärversicherung	80	810
	1. Teilrevision des MVG durch Bundesratsbeschluß vom 27. April 1945	80	810
	2. Das MVG vom 20. September 1949	81	811
	3. Leistungsanpassungen durch Teilrevisionen des MVG	81	811
	4. Vorarbeiten für ein neues MVG	81	811
IV.	Arbeitslosenversicherung	82	812
	1. Gesetzgebungsbefugnis des Bundes	82	812
	2. Bundesgesetz vom 22. Juni 1951	82	812
	3. Obligatorische Arbeitslosenversicherung gem. Bundesbeschluß vom 8. Oktober 1976 („Übergangsordnung")	82	812
V.	Familienzulageordnung	83	813
	1. Artikel 34 quinquies BV	83	813
	2. Das Bundesgesetz vom 20. Juni 1952	83	813
	3. Keine umfassende Regelung des Bundes	83	813
VI.	Erwerbsersatzordnung	84	814
VII.	Invalidenversicherung	84	814
	1. Entstehung des IVG	84	814
	2. Änderungen des IVG	85	815
	3. Der neue Artikel 34 quater BV und die IV	86	816

VIII. Krankenversicherung	86	816
1. Grundlegende Revision vom 13. März 1964	86	816
2. Neuordnung der Rechtspflege	87	817
3. „Flimsermodell"	88	818
4. Das doppelte Nein vom 8. Dezember 1974	88	818
IX. Ordnung der Ergänzungsleistungen zur AHV/IV	89	819
1. Das Bundesgesetz vom 19. März 1965	89	819
2. Kantonale Regelungen	90	820
3. Leistungsanpassungen	90	820
X. Zwei wichtige Gesetzesvorlagen bei der Bundesversammlung	90	820
1. Revision der obligatorischen Unfallversicherung (UVG)	90	820
a) Bisherige „kleine Revisionen"	90	820
b) Totalrevision	90	820
2. Berufliche Alters-, Hinterlassenen- und Invalidenvorsorge (BVG)	91	821
a) Geltende Regelung	91	821
b) Entwurf zum BVG vor der Bundesversammlung	91	821

Dritter Abschnitt: Schlußbemerkungen

I. Allgemeines	93	823
II. Gesetzesreferendum und Verfassungsinitiative	93	823
1. Das fakultative Referendum	93	823
2. Die Verfassungsinitiative	95	825
III. Bunte Vielfalt in der Sozialversicherung	96	826
1. Trägerschaft	96	826
2. Kreis der Versicherten	97	827
3. Finanzierung	98	828
4. Leistungsrecht	99	829
IV. Rechtliche Entwicklungstendenzen	99	829
1. Hinwendung vom privaten zum öffentlichen Recht	99	829
2. Probleme der Koordination	100	830
V. Unerledigte Gesetzgebungsaufträge der Bundesverfassung	101	831

Literatur   102   832

Abkürzungen und Zitierweise

a.a.O.	=	am angegebenen Ort
AHV	=	Alters- und Hinterlassenenversicherung
AHVG	=	BG über die AHV
AlV	=	Arbeitslosenversicherung
AlVG	=	BG über die AlV
Art.	=	Artikel
AS	=	Amtliche Sammlung der Bundesgesetze (sie wird ab 1874 als Neue Folge, n. F., bezeichnet)
BBl.	=	Bundesblatt
bes.	=	besonders
BG	=	Bundesgesetz
Botschaft	=	Botschaft des Bundesrates an die Bundesversammlung (zum Entwurf eines BG usw.)
BRD	=	Bundesrepublik Deutschland
BV	=	Bundesverfassung
Diss.	=	Dissertation
eidg.	=	eidgenössisch
EL	=	Ergänzungsleistungen
ELG	=	BG über Ergänzungsleistungen zur AHV und IV
EO	=	Erwerbsersatzordnung
EOG	=	BG über die Erwerbsersatzordnung für Wehr- und Zivilschutzpflichtige
EVG	=	Eidg. Versicherungsgericht, Luzern
FLG	=	BG über die Familienzulagen für landwirtschaftliche Arbeitnehmer und Kleinbauern
Fr.	=	Franken
Jh.	=	Jahrhundert
IV	=	Eidg. Invalidenversicherung
IVG	=	BG über die IV
IVV	=	VO über die IV
KUVG	=	BG über die Kranken- und Unfallversicherung
Mill.	=	Millionen
Mrd.	=	Milliarden
MV	=	Militärversicherung
MVG	=	BG über die MV
MO	=	BG über die Militärorganisation
n. F.	=	neue Folge (s. unter AS)
OG	=	BG über die Organisation der Bundesrechtspflege
OR	=	BG über das Obligationenrecht
SJK	=	Schweizerische juristische Kartothek, Genf
SR	=	Systematische Sammlung des Bundesrechts

SUVA	=	Schweizerische Unfallversicherungsanstalt, Luzern
SVZ	=	Schweizerische Versicherungs-Zeitschrift, Bern
SZS	=	Schweizerische Zeitschrift für Sozialversicherung, Bern
u. a. m.	=	und andere(s) mehr
UVG(E)	=	Entwurf zu einem BG über die Unfallversicherung
v. a.	=	vor allem
VO	=	Verordnung
VSSR	=	Vierteljahresschrift für Sozialrecht, Berlin
VwG (oder auch VwVG)	=	BG über das Verwaltungsverfahren
ZAK	=	Zeitschrift für Ausgleichskassen, Bern
ZGB	=	Schweizerisches Zivilgesetzbuch
z. Z.	=	zur Zeit

Erster Abschnitt

A. Grundzüge und Eigenarten der Bundessozialversicherung in der Schweiz

I. Allgemeines

1. Land und Leute

Die Schweiz weist eine Fläche von 41.288 km² auf. Sie ist ein Industriestaat. Die landwirtschaftliche Nutzfläche nimmt nur 6,5 % der Gesamtfläche ein, und nur 7,2 % der Erwerbstätigen waren 1970 in der Landwirtschaft beschäftigt. Die Wohnbevölkerung betrug (in Mill. Einwohnern): am 1.1.1979 6,29; 1950 4,7; 1910 3,7; 1880 2,8 und 1850 2,3. Der Altersindex, d. h. der Anteil der 60- und Mehrjährigen in Prozenten der unter 20jährigen, lautet für: 1970 53,7; 1950 46; 1930 32,1; 1900 22,9 und 1860 21,5. Er hat sich seit der Jahrhundertwende mehr als verdoppelt. Teilt man die Wohnbevölkerung nach Sprachgruppen auf, so ergibt sich für 1970 in Promillezahlen folgendes Bild (in Klammern für 1880): deutsch 649 (713), französisch 181 (214), italienisch 119 (57), rätoromanisch 8 (14) und andere Sprachen 43 (2)[1]. Amtssprachen des Bundes sind das Deutsche, Französische und Italienische. Jede Fassung der Bundesgesetze in diesen Amtssprachen ist gleichwertig, was namentlich bei der Auslegung wichtig ist. Nationalsprachen sind außer den erwähnten Amtssprachen auch das Rätoromanische (BV 116). Geschlossene rätoromanische Bevölkerungsgruppen weist nur der Kanton Graubünden auf, der in sprachlicher Hinsicht besonders interessant ist. Von seiner Wohnbevölkerung (rund 170.000) sprechen etwa 58 % deutsch, 24 % romanisch und 16 % italienisch. Das Rätoromanische hat keine gemeinsame, d. h. einheitliche Schriftsprache, sondern es zerfällt in verschiedene, teilweise stark voneinander abweichende Varianten, die man Idioms nennt. Der Kanton Graubünden muß seine Primarschulbücher insgesamt in sieben verschiedenen Sprachen drucken, nämlich in fünf Idioms und daneben deutsch und italienisch.

---

[1] Für diese und weitere Zahlenangaben vgl. Statistisches Jahrbuch der Schweiz, 1979 sowie hinten bei Anm. 167 - 170.

2. Die Bundesverfassung

a) Die Schweiz — mit der amtlichen Bezeichnung: Schweizerische Eidgenossenschaft; Conféderation Suisse; Confederazione Svizzera — ist ein demokratischer Bundesstaat, der sich aus 23 Kantonen als Gliedstaaten zusammensetzt. Drei von ihnen unterteilen sich in Halbkantone. Die geltende Bundesverfassung vom 29. Mai 1874 wurde durch über 80 Partialrevisionen geändert und ergänzt. Nach ihr ist der Bund zur Gesetzgebung über eine Materie nur zuständig, wenn sie ihm die Kompetenz dazu erteilt. Die übrigen Gesetzgebungskompetenzen verbleiben den Kantonen (BV 3). Die Bundesversammlung (Parlament, Legislative) besteht aus zwei Abteilungen (Kammern, Räten), nämlich dem Nationalrat, dessen Mitglieder nach dem Grundsatz der Proportionalität gewählt werden, und dem Ständerat, in welchen jeder Kanton zwei bzw. jeder Halbkanton einen Abgeordneten wählt. Beide Abteilungen haben gleiche Kompetenzen. Deshalb können z. B. Bundesgesetze nur zustande kommen, wenn beide Räte zustimmen. Differenzen sind in einem gesetzlich geregelten Differenzbereinigungsverfahren zu beheben. Kommt keine Einigung zustande, so fällt die Vorlage dahin, was nur höchst selten der Fall ist. Für bestimmte Geschäfte tagen die Abteilungen gemeinsam, um als Vereinigte Bundesversammlung unter dem Vorsitz des Präsidenten des Nationalrates zu entscheiden. So wählt sie den Bundesrat (Landesregierung, Exekutive), der sich aus sieben Mitgliedern zusammensetzt (Amtsdauer vier Jahre), und unter diesen jährlich den Bundespräsidenten, der aber nicht Staatsoberhaupt, sondern lediglich Vorsitzender des Bundesrates ist. Jedes Mitglied leitet ein Departement (in andern Ländern wird es Ministerium genannt) und damit einen Teil der Bundesverwaltung. Das Departement des Innern ist beispielsweise für die meisten Zweige der Sozialversicherung zuständig. Eine seiner Abteilungen, nämlich das Bundesamt für Sozialversicherung, übt die Aufsicht über sie aus, bereitet Entwürfe zu neuen Sozialversicherungsgesetzen oder Gesetzesänderungen vor und ist in bestimmten Fragen Beschwerdeinstanz. — Die Vereinigte Bundesversammlung wählt auch das Bundesgericht in Lausanne sowie das Eidg. Versicherungsgericht in Luzern. Dieses ist seiner Funktion nach das Bundessozialversicherungsgericht, da es im Gebiete der Bundessozialversicherung die oberste richterliche Instanz darstellt. Während es ursprünglich vom Bundesgericht vollständig getrennt war, hat der Gesetzgeber es durch eine Novelle vom 20. Dezember 1968 zum BG über die Organisation der Bundesrechtspflege in eine organisatorisch selbständige Abteilung des Bundesgerichts umgewandelt, die ihren Sitz weiterhin in Luzern hat; ihre Bundesrichter werden von der Bundesversammlung separat gewählt (vgl. hinten II, 10, d).

b) Die Bundesverfassung kann jederzeit ganz oder teilweise revidiert werden. Eine Totalrevision — die erste seit 1874 — ist in die Wege geleitet, ihr Schicksal scheint jedoch ungewiß. Lediglich zur Partialrevision sollen einige Hinweise folgen. Sie kann sowohl durch Volksanregung (*Verfassungsinitiative*, Volksbegehren) als auch auf Vorschlag der Bundesversammlung in Gang kommen. Die Volksanregung erfordert zur Zeit die Unterschriften von mindestens 100.000 Stimmberechtigten[2]. Die Änderung der Verfassung ist rechtlich nur möglich, wenn sie von der Mehrheit der an der Volksabstimmung teilnehmenden Bürger (Volksmehr) und überdies von der Mehrheit der Kantone (Ständemehr) angenommen wird. Meistens beschließt die Bundesversammlung darüber, ob sie dem Volk die Annahme oder die Verwerfung eines Volksbegehrens empfiehlt. Nicht selten stellt sie einem Volksbegehren einen eigenen Vorschlag gegenüber. Das Volk hat dann über Volksbegehren und Gegenvorschlag der Bundesversammlung abzustimmen.

Bundesgesetze und bestimmte weitere Erlasse, denen National- und Ständerat zugestimmt haben, unterliegen dem *fakultativen Referendum*. Sie sind dem Volk zur Annahme oder Verwerfung vorzulegen, wenn dies zur Zeit von 50.000 Stimmberechtigten verlangt wird. Bei der Abstimmung entscheidet das Volksmehr allein, das Ständemehr ist unbeachtlich. Die Gesetzesinitiative ist in der Bundesverfassung nicht vorgesehen. Dies hat öfters dazu geführt, daß Stimmbürger Regelungsinhalte, die eigentlich in ein Gesetz gehören, durch Verfassungsinitiative vorgeschlagen haben, weil eben, wie erwähnt, die Gesetzesinitiative fehlt.

Sowohl Verfassungsinitiative als auch Referendum haben bei der Entstehung und Entwicklung der Bundessozialversicherung große Bedeutung gehabt. Darauf wird noch zurückzukommen sein.

c) Jeder Kanton bzw. Halbkanton hat als Gliedstaat seine eigene Verfassung, die man Kantonsverfassung nennt, ferner ein Parlament, das meistens Kantonsrat oder Großer Rat heißt, eine Regierung mit Verwaltung und endlich eigene Gerichte. Für die Gesetzgebung ist vielfach das obligatorische, sonst das fakultative Referendum vorgesehen. Das Bundesgericht kann prüfen, ob kantonale Erlasse gegen Bundesrecht verstoßen (Bundesrecht bricht kantonales Recht). BV 113

---

[2] Den Frauen sind die politischen Rechte (das Frauenstimmrecht) auf Bundesebene erst in der Volksabstimmung vom 7. Februar 1971 durch eine entsprechende Ergänzung der Bundesverfassung eingeräumt worden. Das Frauenstimmrecht ist beinahe in allen, aber doch nicht in allen Kantonen ebenfalls verwirklicht. Im Kanton Graubünden zählt man überdies noch rund 60 Gemeinden, in welchen es noch nicht eingeführt worden ist. Dort könnte eine Schweizerin nicht Mitglied des Gemeindevorstandes, aber z. B. Mitglied des Bundesrates oder des Bundesgerichts werden. Vgl. Maurer, SZS 1979, S. 188.

Abs. 3 versagt dem Bundesgericht jedoch die Kompetenz, „die von der Bundesversammlung erlassenen Gesetze und allgemeinverbindlichen Beschlüsse sowie die von ihr genehmigten Staatsverträge" auf ihre Verfassungsmäßigkeit hin zu untersuchen und allenfalls als nicht anwendbar zu erklären oder gar zu kassieren.

d) Man kann den Bund im Hinblick auf die moderne Staatsrechtslehre als Rechtsstaat bezeichnen, der in demokratischer und sozialer Hinsicht stark ausgebaut ist. An sich herrscht gemäß BV 31 Abs. 1 der Grundsatz der Handels- und Gewerbefreiheit, d. h. der freien Marktwirtschaft; der Bund kann ihn jedoch einschränken, wenn die in BV 31 bis Abs. 2 - 5 umschriebenen Voraussetzungen erfüllt sind. Eine ausdrückliche Sozialstaatsklausel, etwa entsprechend Art. 20 in Verbindung mit Art. 28 des deutschen Grundgesetzes, fehlt in der Bundesverfassung. Die Meinungen darüber, ob sie heute gleichwohl zu deren Leitgrundsätzen gehöre, gehen auseinander[3]. Immerhin darf man den Bund wohl unbedenklich als sozialen und demokratischen Rechtsstaat charakterisieren[4].

II. Skizzierung der Bundessozialversicherung nach geltendem Recht

1. Begriffliches

a) Will man eine Geschichte der Bundessozialversicherung schreiben, so empfiehlt es sich, zuerst einmal deren Begriff zu klären. Er ist nämlich kontrovers, und zwar vor allem in folgenden Fragen: Kann ein Sicherungssystem der Sozialversicherung zugeordnet werden, wenn es ausschließlich durch öffentliche Mittel finanziert wird, wie z. B. bei der Militärversicherung? Sind Versicherungsverhältnisse, die durch privatrechtlichen Versicherungsvertrag geregelt werden — besonders wenn er unter das Versicherungsvertragsgesetz fällt — von der Sozialversicherung auszunehmen? Sollen ihr nur Versicherungsverhältnisse zugerechnet werden, die in die Zuständigkeit der Sozialversicherungsgerichte fallen[5]?

b) In den letzten Jahren hat sich die Auffassung gefestigt, daß nur öffentlich-rechtlich geregelte Versicherungsverhältnisse zur Sozialversicherung gehören. Der Bund hat ihr Rechnung getragen, indem er durch die bereits erwähnte Novelle vom 20. Dezember 1968 zum OG das

---

[3] Dafür Peter Saladin, Grundrechte im Wandel, 2. Aufl., S. 241; dagegen Peter Gysi, Die sozialpolitische Begrenzung der Handels- und Gewerbefreiheit in ihrer Bedeutung für den schweizerischen Rechtsstaat, Zürcher Dissertation, 1977, S. 112 und 121. Vgl. für das deutsche Recht z. B. Wannagat, Lehrbuch, S. 171 ff.
[4] Näheres zu diesem Begriff bei Gysi, Anm. 3, S. 35 ff. und 61 f.
[5] Maurer, Sozialversicherungsrecht nach Anm. 87.

Sozialversicherungsrecht als Verwaltungsrecht und damit als öffentliches Recht deutete: Er baute die Sozialversicherungsgerichtsbarkeit in die Bundesverwaltungsgerichtsbarkeit ein.

Es ist nicht sachgerecht, die im Rahmen der Privatversicherung entwickelten Versicherungsbegriffe unbesehen in der öffentlichen Versicherung zu verwenden[6]. Dies gilt namentlich für die Finanzierung. In der Privatversicherung stehen mehrere Versicherungsgesellschaften miteinander im Wettbewerb; sie müssen für ihre Leistungen einen Preis, nämlich die Prämie, festsetzen und von den Versicherungsnehmern verlangen, da sie ja marktwirtschaftlich organisiert und tätig sind. Die öffentliche Hand kann dagegen Versicherungsverhältnisse auch auf andere Art finanzieren, nämlich ganz oder teilweise durch Steuern. Deshalb scheint es zutreffend, auch dann von öffentlicher Versicherung zu sprechen, wenn Versicherungsverhältnisse ausschließlich oder doch teilweise durch Beiträge der öffentlichen Hand finanziert werden. Versicherungsverhältnisse sind bereits gegeben, wenn bestimmte Punkte geregelt sind: Kreis der versicherten Personen; versicherte Risiken; Versicherungsleistungen. Nicht erforderlich ist somit für die Annahme des öffentlich-rechtlichen Versicherungsverhältnisses, daß auch Beiträge der interessierten Personen vorgeschrieben sind, da es sich bei der Art der Finanzierung lediglich um eine Modalität handelt[7]. Als Sozialversicherung soll jedoch eine öffentliche Versicherung nur anerkannt werden, wenn sie sog. soziale Risiken deckt. Deren Liste ist durch verschiedene internationale Abkommen, z. B. durch das Übereinkommen Nr. 102 der Internationalen Arbeitsorganisation vom 28. Juni 1952 aufgestellt worden und dürfte heute kaum mehr umstritten sein. Endlich liegt Sozialversicherung nur vor, wenn der Gesetzgeber dies dadurch zum Ausdruck bringt, daß er einen Zweig der Sozialversicherungsgerichtsbarkeit zuweist. Mit diesem mehr formalen Merkmal läßt sich die Sozialversicherung deutlich von zahlreichen verwandten Institutionen wie den auf privatrechtlichem Versicherungsvertrag

---

[6] Es gibt ungezählte Definitionen des Versicherungsbegriffes; bis heute hat sich keine von ihnen allgemeine Anerkennung zu verschaffen vermocht. Auch besteht kein „Oberbegriff" der Versicherung, der in gleicher Weise für die Privat- und für die Sozialversicherung gilt. Vgl. Maurer, Sozialversicherungsrecht bei Anm. 92 und Privatversicherungsrecht, S. 115 mit Literaturhinweisen.

[7] Somit kann die öffentliche Versicherung mit und ohne Beitragspflicht ausgestaltet sein. „Beitragsfreie öffentliche Versicherungen" werden in der BRD traditionsgemäß dem Begriff der Versorgung zugewiesen. Dieser hat in der schweizerischen Literatur nur einen schwachen Widerhall gefunden und er wurde in der Rechtsprechung kaum verwendet. Er scheint nun auch in der BRD allmählich durch andere Begriffe verdrängt zu werden. Vgl. Maurer, Sozialversicherungsrecht bei Anm. 59 und 57 a. — Ausdrücklich betont sei hier, daß der Begriff der Sozialversicherung für jedes Land besonders und immer nur für einen bestimmten Zeitpunkt zu umschreiben ist.

beruhenden obligatorischen Unfall-, Kranken- und Haftpflichtversicherungen usw. abgrenzen.

c) Das Bundessozialversicherungsrecht kann gegenwärtig als jener Bereich des Bundesrechts umschrieben werden, „welcher die ganze Bevölkerung oder einzelne ihrer Schichten durch Versicherungsverhältnisse, die öffentlich-rechtlich ausgestaltet sind und der Sozialversicherungsgerichtsbarkeit unterliegen, gegen soziale Risiken zu sichern bestimmt ist"[8]. Nach Maßgabe dieser Definition sind folgende Zweige der Bundessozialversicherung zuzurechnen: a) Krankenversicherung gemäß KUVG; b) obligatorische Unfallversicherung gemäß KUVG; c) AHV; d) IV; e) Ordnung der Ergänzungsleistungen zur AHV/IV; f) Erwerbsersatzordnung; g) Arbeitslosenversicherung; h) Ordnung der Familienzulagen für landwirtschaftliche Arbeitnehmer und Kleinbauern; i) Militärversicherung. Mit dieser Aufzählung ist auch das Rechtsgebiet, also der Gegenstand, festgelegt, dessen Entstehungsgeschichte hier nachgezeichnet werden soll.

In den folgenden Ziffern sind die soeben genannten Zweige der Bundessozialversicherung nach geltendem Recht mit einigen wenigen Strichen zu skizzieren. Am gegebenen Ort werden bereits auch laufende oder geplante Revisionen erwähnt.

2. *Kranken- und Unfallversicherung gemäß KUVG*

Das BG über die Kranken- und Unfallversicherung vom 13. Juni 1911 (KUVG) ist das älteste noch geltende Sozialversicherungsgesetz. Es regelt die beiden Versicherungszweige getrennt, da diese völlig verschieden konzipiert sind. Ein erster Versuch zur Regelung mißlang dem Gesetzgeber: Die sog. „Lex Forrer" wurde in der Volksabstimmung vom 20. Mai 1900 verworfen. Die Gegner hatten ein Bundesobligatorium in der Krankenversicherung abgelehnt. Das Obligatorium beider Zweige war auf Arbeitnehmer beschränkt, weshalb die Vorlage deutlich klassenspezifische Züge trug[9].

---

[8] Maurer, Sozialversicherungsrecht vor Anm. 126 a. — Auch der Begriff des Sozialrechts oder — wohl synonym — der Sozialgesetzgebung ist in der Schweiz umstritten. Das Sozialversicherungsrecht dürfte der engere und das Sozialrecht der weitere von zwei konzentrischen Kreisen sein. Als Gebiete, welche dem Sozialrecht neben der Sozialversicherung zugehören, werden z. B. genannt: Arbeitsrecht; soziale Gewerbe- und Bauernhilfe; Maßnahmen zur Beschäftigungspolitik und Mieterschutz; Fürsorge. Vgl. Näheres bei Maurer, Anm. 6, § 1, III, bes. Z. 1 und 2, mit Literaturhinweisen. In der vorliegenden Arbeit werden diese Rechtsgebiete nur erwähnt, soweit sie das geschichtliche Verständnis des Sozialversicherungsrechts erleichtern und allenfalls dessen Abrundung dienen.

[9] Vgl. hinten bei Anm. 116.

a) Krankenversicherung[10]

Hinsichtlich der Krankenversicherung ist das KUVG weitgehend ein Subventions- oder Förderungsgesetz. Eine Krankenkasse, die Subventionen des Bundes begehrt, kann sich beim Bundesrat um die Anerkennung bewerben. Er spricht diese aus, wenn sich die Kasse darüber ausweist, daß sie sämtliche im KUVG und in den Ausführungserlassen umschriebenen Mindestanforderungen erfüllt. Mit der Anerkennung ist sie automatisch dem KUVG und den Ausführungserlassen unterstellt. In dieser Spezialgesetzgebung sind die verschiedensten Bereiche der Krankenversicherung mehr oder weniger einläßlich geregelt, z. B. der Kreis der Versicherten, das Arzt- und Spitalrecht, das Leistungsrecht, die Freizügigkeit und die Rechtspflege. Immerhin verbleibt den Kassen eine weitgespannte Autonomie: zahlreiche Fragen dürfen sie in ihren Statuten und Reglementen ordnen. Sowohl öffentliche Krankenkassen, d. h. solche von Kantonen oder Gemeinden, als auch private Kassen können die Anerkennung erlangen, die letzteren jedoch nur, wenn sie in die privatrechtlichen Formen eines Vereins, einer Genossenschaft oder einer Stiftung gekleidet sind. Auch sie besitzen seit der Revision des KUVG vom 13. März 1964 hoheitliche Gewalt: Sie haben — wie die öffentliche Verwaltung selbst — die Befugnis, durch einseitige Verfügung Rechte und Pflichten im konkreten Fall zu bestimmen; die Verfügung erwächst wie ein Gerichtsurteil in formelle Rechtskraft, wenn sie nicht gerichtlich aufgehoben wird.

Das KUVG ermächtigt nur die Kantone, nicht aber den Bund, die Krankenversicherung für die ganze Bevölkerung oder für einzelne ihrer Teile obligatorisch zu erklären. Die Kantone können diese Kompetenz auf die Gemeinden übertragen. Die beschriebene Regelung hat zu einer kunterbunten Ordnung geführt: In einzelnen Kantonen besteht keinerlei Obligatorium, in anderen fällt beinahe die ganze Bevölkerung darunter, und dazwischen liegen zahlreiche Kantone mit einem Teilobligatorium, das meistens Personen mit geringem Einkommen erfaßt. Obwohl nur etwa 25 % der schweizerischen Bevölkerung unter ein Obligatorium fallen, waren 1976 rund 94 % von ihr bei einer Krankenkasse versichert.

Grundsätzlich ist die Krankenversicherung eine Individualversicherung. Daneben räumt das KUVG seit der Revision von 1964 auch die Möglichkeit zu einer Kollektivversicherung ein: es kann z. B. ein Arbeitgeber sein Personal kollektiv gegen Krankheit versichern.

---

[10] Bigler-Eggenberger, Soziale Sicherung, S. 142; Maurer, Grundriß, S. 3 ff.; Pfluger, Kartothek; Saxer, Die soziale Sicherheit, S. 116 ff.; SJK, Karten Krankenversicherung.

Die Krankenkassen haben das Krankheitsrisiko zu versichern. Es steht ihnen frei, daneben auch eine Unfallversicherung mit begrenzten Leistungen — ohne Rentenversicherung für Tod und Invalidität — zu betreiben. Der Krankheit gleichgestellt ist die Mutterschaft, da in der Schweiz noch keine besondere Mutterschaftsversicherung eingeführt worden ist.

Das KUVG bestimmt die Mindestleistungen. Die Kassen müssen Leistungen für Krankenpflege oder ein Krankengeld versichern. Sie pflegen durch ihre Statuten und Reglemente in mancher Hinsicht über die Pflichtleistungen hinaus gegen Mehrprämien zusätzliche Leistungen zu gewähren.

Die Krankenversicherung wird in erster Linie durch die Beiträge der Versicherten und darüber hinaus durch Zuschüsse der öffentlichen Hand, vorab des Bundes, finanziert.

Streitigkeiten zwischen Versicherten und den Krankenkassen werden seit der Revision von 1964 zur Hauptsache erstinstanzlich durch die kantonalen Versicherungsgerichte und zweitinstanzlich durch das Eidg. Versicherungsgericht entschieden.

Seit der bereits erwähnten, einschneidenden Revision des KUVG vom 13. März 1964 sind mehrere Versuche zum Aus- und Umbau der Krankenversicherung gescheitert. Gegenwärtig arbeitet das Eidg. Departement des Innern an Verbesserungen innerhalb des geltenden Systems. Im November 1978 hat es zu diesem Zweck einen „Bericht und Entwurf" zur „Teilrevision der Krankenversicherung" veröffentlicht.

Im Jahre 1960 gab es noch mehr als 1.000 anerkannte Krankenkassen, 1977 nur noch 548. Dieser Schrumpfungsprozeß — vorwiegend kleine Kassen fallen ihm zum Opfer — kann wohl darauf zurückgeführt werden, daß das Krankenkassenwesen komplizierter und die Finanzierung immer schwieriger wird.

b) Unfallversicherung[11]

Für die Durchführung der Unfallversicherung sieht das KUVG einen einzigen Versicherungsträger, nämlich die SUVA, vor. Sie hat eine weitgehende Selbstverwaltung durch die beteiligten Arbeitgeber und Arbeitnehmer, einen eigenen Verwaltungsrat und das Recht der Persönlichkeit. Zahlreiche Arten von Betrieben, z. B. Fabriken, Transportanstalten usw., müssen ihr unterstellt sein. Arbeitnehmer solcher Betriebe sind automatisch gegen Betriebs- *und* Nichtbetriebsunfälle sowie für bestimmte Arten von beruflichen Erkrankungen versichert. Es han-

---

[11] Maurer, Recht und Praxis; derselbe, Grundriß, S. 56 ff.; Saxer, Die soziale Sicherheit, S. 147; SJK, Karten Unfallversicherung.

delt sich um ein „Klassengesetz", da nur Arbeitnehmer erfaßt sind[12]. Das KUVG regelt die Leistungen — sie sind gut ausgebaut: Krankenpflege, Krankengeld, Invaliden- und Hinterlassenenrenten usw. — abschließend, schreibt also nicht nur Minimalleistungen vor wie für die Krankenversicherung. Die Finanzierung erfolgt durch Prämien. Diese werden für die Betriebsunfälle von den Arbeitgebern und für die Nichtbetriebsunfälle von den Arbeitnehmern, d. h. von den Versicherten, getragen. Die öffentliche Hand gewährt keine Zuschüsse. Für die Beurteilung von Streitigkeiten aus der Versicherung sind in erster Instanz vorwiegend die kantonalen Versicherungsgerichte zuständig, deren Entscheidungen an das Eidg. Versicherungsgericht weitergezogen werden können.

Das KUVG ist hinsichtlich der Unfallversicherung zwar öfters, aber nie grundlegend geändert worden. Gegenwärtig liegt eine Vorlage für eine Totalrevision zur Beratung bei der Bundesversammlung. Einer der Hauptpunkte ist die Ausdehnung der obligatorischen Versicherung auf sämtliche Arbeitnehmer, da bis dahin nur etwa zwei Drittel unter die Pflichtversicherung fielen. Die Vorlage sieht überdies vor, daß die Kranken- und die Unfallversicherung fortan in zwei separaten Gesetzen geordnet werden. Private Versicherungsgesellschaften und Krankenkassen sollen ermächtigt werden, im Rahmen des erweiterten Obligatoriums als Versicherungsträger zu wirken.

3. Alters- und Hinterlassenenversicherung (AHV)[13]

Ein von den eidgenössischen Räten am 17. Juni 1931 angenommenes BG über die AHV, die „Lex Schulthess", ist in der Volksabstimmung vom 6. Dezember 1931 verworfen worden. Erst nach dem Zweiten Weltkrieg kam das heute noch geltende BG über die AHV vom 20. Dezember 1946 zustande: Die Stimmberechtigten nahmen es in der Abstimmung vom 6. Juli 1947 mit überwältigender Mehrheit an. Es trat am 1. Januar 1948 in Kraft. Seither ist es durch neun numerierte und mehrere nichtnumerierte Revisionen geändert worden. Lediglich einmal wurde das Referendum ergriffen, nämlich gegen die 9. AHV-Revision: Das Volk stimmte ihr am 26. Februar 1978 zu.

Die AHV — das größte Sozialwerk der Schweiz — wird in erster Linie von den mehr als hundert Ausgleichskassen durchgeführt, die

---

[12] Die Art. 115 - 119, die eine freiwillige Versicherung vorsehen, sind nie in Kraft gesetzt worden. Es können sich daher auch die Inhaber versicherter Betriebe nicht freiwillig bei der SUVA versichern: Maurer, Recht und Praxis, S. 22 und S. 59; unzutreffend Bigler-Eggenberger, Soziale Sicherung, S. 160.
[13] Bigler-Eggenberger, Soziale Sicherung, S. 100; Maurer, Grundriß, S. 109 ff.; derselbe, Alterssicherung der Frau, SZS 1979, S. 187 ff.; Saxer, Die soziale Sicherheit, S. 23 ff.; SJK, Karten AHV.

während des Zweiten Weltkrieges im Hinblick auf die Lohn- und Verdienstersatzordnung für Wehrmänner errichtet worden sind. Es bestehen gegen 80 Verbandsausgleichskassen, d. h. Kassen, die von Berufsverbänden der Arbeitgeber und Selbständigerwerbenden gegründet worden sind, ferner 26 Ausgleichskassen der Kantone und zwei Ausgleichskassen des Bundes. Ausgleichskassen sind öffentlich-rechtliche Anstalten. Sie haben Beiträge der Arbeitgeber und der Versicherten einzuziehen sowie die Leistungen zu entrichten. Der Zentralen Ausgleichsstelle in Genf obliegen der Rechnungsausgleich zwischen den Ausgleichskassen und die Führung des Zentralregisters der Versicherten und Rentner. Der endgültige finanzielle Ausgleich geschieht durch den mit eigener Rechtspersönlichkeit ausgestatteten Ausgleichsfonds der AHV. Er stellt zudem eine kollektive Sicherheitsreserve, den Schwankungsfonds der AHV, dar. Diese wird grundsätzlich nach dem Umlageverfahren finanziert.

Die AHV ist eine Volksversicherung, die die ganze Wohnbevölkerung einschließt. Schweizer im Ausland können ihr freiwillig beitreten.

Die AHV gewährt Renten — in bestimmten Fällen Abfindungen — bei Tod des Versicherten an Witwe und Waisen sowie dann, wenn die Versicherten ein bestimmtes Alter erreichen. Versicherte „Risiken" sind somit Tod des Versicherten und Erreichen eines bestimmten Alters.

Das Leistungssystem ist ziemlich kompliziert. Dazu einige Hinweise. *Ordentliche* Renten werden entrichtet, wenn mindestens während eines vollen Jahres Beiträge bezahlt worden sind. Andernfalls kommen nur *außerordentliche* Renten in Betracht. Sie setzen in der Regel Bedürftigkeit voraus. Ihre Bedeutung ist heute nicht mehr groß. Die ordentlichen Renten sind entweder Voll- oder Teilrenten. *Vollrenten* sind zu gewähren, wenn die Versicherten ihre Beitragspflicht seit dem 20. Altersjahr bzw. seit Einführung der AHV im Jahre 1948 erfüllt haben. Bei fehlenden Beitragsjahren, die man Beitragslücken nennt, sind lediglich *Teilrenten* zu entrichten. Sie werden nach einer vereinfachten pro-rata-temporis-Methode berechnet. Die Grundlage unseres Rentensystems bilden die *einfachen Altersrenten* (ordentliche Vollrenten). Alleinstehende Frauen bekommen sie, wenn sie das 62., und Männer, wenn sie das 65. Altersjahr zurückgelegt haben. Die Höchstrente ist zur Zeit doppelt so hoch wie die Mindestrente (ab 1. 1. 1980: 1.100 Fr./550 Fr. monatlich). Maßgebend für die Rentenhöhe ist das durchschnittliche Jahreseinkommen, auf welchem während der Dauer der Beitragspflicht Beiträge bezahlt worden sind. So erreichte z. B. im Jahre 1979 die Höchstrente bereits, wer seine Beiträge auf einem durchschnittlichen Jahreseinkommen von rund 16.500 Fr. bezahlt hatte. Neben der einfachen Altersrente gibt es die Ehepaar-Altersrente. Anspruch auf sie besteht, sobald der Ehemann das 65. Altersjahr und seine Frau das 62. Altersjahr vollendet hat oder zur Hälfte invalid ist. Die Ehepaar-Altersrente beträgt 150 % der einfachen Altersrente. Die Ehefrau kann verlangen, daß ihr die Hälfte direkt ausbezahlt wird. Ist sie schon 55, aber noch nicht 62 Jahre alt, kann ihr Mann neben seiner einfachen Altersrente eine Zusatzrente beanspruchen. Altersrentner, die noch minderjährige Kinder haben, bekommen unter bestimmten Voraussetzungen zusätzlich zu ihren Altersrenten Kinderrenten. An hilflose Altersrentner ist eine monatliche Hilflosenentschädigung zu bezahlen. Altersrentner haben schließlich Anspruch auf Hilfsmittel, sofern sie solcher für die Fortbewegung, für die Herstellung des Kontaktes mit der Umwelt usw. bedürfen. Auch die Hinterlassenenrenten werden auf der Grundlage der einfachen Altersrente bemessen. So beträgt die Witwenrente 80 %, die einfache Waisenrente 40 % und die Vollwaisenrente 60 % der maßgeblichen einfachen Altersrente. Kinderlose Witwen können nur unter bestimmten Voraussetzungen Renten, andernfalls lediglich eine Abfindung verlangen, die zur Zeit im Maximum etwas über 50.000 Fr. beträgt. Bei der Berechnung der Ehepaar-Altersrente oder einer Hinterlassenenrente ist zwar auf das durchschnittliche Jahreseinkommen des Ehemannes abzustellen; zur Erhöhung des Jahresdurchschnittes wird aber ein allfälliges Erwerbseinkommen der Ehefrau, auf welchem vor oder während der Ehe Beiträge entrichtet worden sind, dem Einkommen des Ehemannes hinzugezählt. — Die Renten sind seit 1. Januar 1979 teilweise dynamisiert. Sie werden an die Entwicklung der Preise, also in der Regel an die Teuerung und darüber hinaus teilweise an die Entwicklung der Löhne angepaßt (Bindung an einen Mischindex).

Die AHV wird durch Beiträge der Arbeitgeber und der Versicherten, durch Zuschüsse des Bundes und der Kantone und endlich durch die Erträgnisse des Ausgleichsfonds finanziert. Die Beiträge der Unselbständigerwerbenden, d. h. der Lohnbezüger, werden in Prozenten des ausbezahlten Lohnes festgesetzt und je zur Hälfte vom Arbeitgeber und und Arbeitnehmer getragen[14]. Für die Selbständigerwerbenden und die Nichterwerbstätigen gilt eine besondere Beitragsregelung. Erwerbstätige Altersrentner haben seit dem 1. Januar 1979 unter bestimmten Voraussetzungen ebenfalls Beiträge zu bezahlen. Die ordentlichen Ren-

---

[14] Die Beitragssätze für Arbeitgeber und Arbeitnehmer zusammen sind zur Zeit (1. 9. 1979) wie folgt festgelegt (in Klammern jene für Selbständigerwerbende):

AHV	8,4 %	(7,8 %)
IV	1,0 %	(1,0 %)
EO	0,6 %	(0,6 %)
Zusammen	10,0 %	(9,4 %)

ten werden unabhängig davon entrichtet, ob der Rentner noch verdient oder nicht und ob er bedürftig sei oder nicht. Eine Eigentümlichkeit des schweizerischen Beitragssystems mag hier noch hervorgehoben werden: Das Erwerbseinkommen ist ohne obere Begrenzung der Beitragspflicht unterworfen, somit auch auf Einkommensteilen, welche die Rentenhöhe nicht mehr beeinflussen. Man nennt Beiträge auf ihnen — etwas vereinfacht ausgedrückt — Solidaritätsbeiträge zugunsten der Versicherten mit geringerem Einkommen. Dieses System hat es ermöglicht, einerseits die Renten relativ hoch anzusetzen und andererseits die Beitragssätze eher tief zu halten.

Versicherungsstreitigkeiten aus der AHV werden erstinstanzlich durch kantonale Rekursbehörden — es sind dies Gerichte — und in oberer Instanz vom EVG beurteilt.

Die zehnte AHV-Revision ist bereits in Vorbereitung. Sie wird sich u. a. mit der Stellung der Frau in der AHV sowie mit der flexiblen Altersgrenze befassen.

4. *Invalidenversicherung (IV)*[15]

Mit dem BG über die Invalidenversicherung vom 19. Juni 1959, in Kraft seit 1. Januar 1960, ist die letzte große Lücke im System der sozialen Sicherung geschlossen worden. Die IV ist organisatorisch und strukturell eng mit der AHV verbunden. Sie wird durch die Organe der AHV durchgeführt. Als besondere Organe weist sie die IV-Kommissionen und die Regionalstellen auf. Die IV-Kommissionen haben vor allem die Eingliederungsfähigkeit des Versicherten abzuklären, nötigenfalls einen Gesamtplan für die Eingliederung zu erstellen, die Durchführung der Eingliederungsmaßnahmen zu überwachen sowie die Invalidität und die Hilflosigkeit zu bemessen. Verfügungen haben freilich nicht sie, sondern die zuständige Ausgleichskasse zu erlassen. Die Regionalstelle ist ein Fachorgan, das auf Anordnung der IV-Kommission im Hinblick auf die Eingliederung tätig wird und den Kontakt mit dem Invaliden pflegt.

Der Kreis der Versicherten ist in der IV identisch mit jenem der AHV. Versichertes Risiko ist die Invalidität. Sie wird bei Erwerbstätigen als Erwerbsunfähigkeit und bei Nichterwerbstätigen — Hausfrauen usw. — als Arbeitsunfähigkeit verstanden, indem „die Unmöglichkeit, sich im bisherigen Aufgabenbereich zu betätigen, der Erwerbsunfähigkeit gleichgestellt" ist (IVG 5 Abs. 1).

---

[15] Bigler-Eggenberger, Soziale Sicherung, S. 119; Maurer, Grundriß, S. 150 ff.; Saxer, Die soziale Sicherheit, S. 64 ff.; SJK, Karten Invalidenversicherung.

Die IV erbringt zwei Gruppen von Leistungen: einerseits Maßnahmen für die Eingliederung der Invaliden ins Erwerbsleben und andererseits Renten, denen auch die Hilflosenentschädigungen zuzurechnen sind. Dabei gilt der Fundamentalsatz, daß die Eingliederung den Vorrang vor der Rente hat. Nur wenn die Eingliederung nicht oder doch nicht genügend zum Ziele führt oder von vornherein aussichtslos erscheint, sind Renten zu gewähren. Die Eingliederungsmaßnahmen werden in fünf Kategorien eingeteilt: medizinische Maßnahmen[16]; Maßnahmen beruflicher Art (z. B. Umschulung und Arbeitsvermittlung); Maßnahmen für die Sonderschulung und die Betreuung hilfloser Minderjähriger; Abgabe von Hilfsmitteln; Ausrichtung von Taggeldern während der Zeit der Eingliederung. Anspruch auf eine Rente besteht nur bei qualifizierter Invalidität, nämlich auf eine halbe Rente, wenn die Invalidität mindestens 50 % beträgt — in sogenannten Härtefällen schon bei einem Drittel —, und auf eine ganze Rente, wenn der Versicherte mindestens zu zwei Dritteln invalid ist. Die Invalidenrenten entsprechen den Altersrenten, d. h. die einfache Invalidenrente der einfachen Altersrente und die Ehepaar-Invalidenrente der Ehepaar-Altersrente. Für jüngere Invalide wird ein Zuschlag gewährt. Ebenfalls sind unter bestimmten Voraussetzungen Zusatzrenten für die Ehefrau und Kinderrenten sowie bei Hilflosigkeit des Invaliden Hilflosenentschädigungen zu entrichten.

Die Finanzierung der IV erfolgt — mit geringfügigen Abweichungen — nach den gleichen Grundsätzen wie jene der AHV. Auch für die Rechtspflege gelten die Bestimmungen des AHVG sinngemäß.

5. Ordnung der Ergänzungsleistungen zur AHV/IV (EL)[17]

Am 1. Januar 1966 ist das BG über Ergänzungsleistungen zur AHV/IV vom 19. März 1965 in Kraft getreten. Nach ihm gewährt der Bund den Kantonen Subventionen, wenn sie jenen AHV/IV-Rentnern, die bestimmte Einkommens- und Vermögensgrenzen nicht erreichen, Ergänzungsleistungen entrichten. Mit diesen Bedürftigkeitsrenten soll sichergestellt werden, daß den Rentnern durch die AHV/IV-Renten und Ergänzungsleistungen zusammen ein existenzsicherndes Einkommen zufließt. Die Institution verliert rasch an Bedeutung, da wenigstens die ordentlichen Vollrenten seit der 8. AHV-Revision meistens existenzsichernd sind. Mit dieser Revision wurden die Renten in zwei Stufen, nämlich ab 1. Januar 1973 bzw. 1975, mehr als verdoppelt.

---

[16] Nach IVG 13 haben minderjährige Versicherte Anspruch auf die zur *Behandlung von Geburtsgebrechen* notwendigen medizinischen Maßnahmen. In der VO vom 20. Oktober 1971 werden die Geburtsgebrechen bezeichnet, für welche solche Maßnahmen gewährt werden können.

[17] Maurer, Grundriß, S. 149 f.; Saxer, Die soziale Sicherheit, S. 90 ff.; SJK, Karte Alters- und Hinterlassenenfürsorge.

6. Erwerbsersatzordnung (EO)[18]

Das BG über die Erwerbsersatzordnung für Wehr- und Zivilschutzpflichtige, in der Fassung vom 3. Oktober 1975, räumt Männern und Frauen, die ihren Militär- oder Zivilschutzdienst leisten, einen Anspruch auf bestimmte Entschädigungen ein, z. B. Haushaltungsentschädigungen für Verheiratete, Entschädigung für Alleinstehende, ferner Kinderzulagen und selbst Entschädigungen an Nichterwerbstätige wie etwa Studenten. Die Leistungen werden durch Beiträge finanziert, die grundsätzlich von den in der AHV Beitragspflichtigen erhoben werden. Die öffentliche Hand gewährt keine Zuschüsse. Die Durchführung der EO obliegt zur Hauptsache den Organen der AHV. Auch sind die Bestimmungen des AHVG betreffend die Rechtspflege sinngemäß anwendbar.

7. Arbeitslosenversicherung (AlV)[19]

Das BG über die Arbeitslosenversicherung vom 22. Juni 1951 hat weitgehend die Regelung übernommen, die sich bereits im bundesrätlichen Vollmachtenbeschluß vom 14. Juli 1942 vorfindet. Es erwies sich bei Einbruch der Rezession im Jahre 1975 besonders deshalb als unzureichend, weil es kein Bundesobligatorium vorsah. Am 13. Juni 1976 haben Volk und Stände den neuen BV 34 novies angenommen: Darin wird die Arbeitslosenversicherung von Bundes wegen für Arbeitnehmer obligatorisch erklärt. Angesichts der ungewissen wirtschaftlichen Entwicklung hat die Bundesversammlung durch Bundesbeschluß vom 8. Oktober 1976 über die Einführung der obligatorischen Arbeitslosenversicherung die sog. Übergangsordnung beschlossen, die auf fünf Jahre begrenzt ist und spätestens am 1. April 1982 ausläuft, da bis dahin ein neues Gesetz über die Arbeitslosenversicherung vorliegen soll. Eine bundesrätliche Verordnung regelt die Einzelheiten. Nach der Übergangsordnung sind die bestehenden, anerkannten Arbeitslosenversicherungskassen weiterhin zuständig, die Leistungen an die Arbeitslosen auszurichten. Hingegen haben nunmehr die AHV-Ausgleichskassen die Beiträge einzuziehen, die von den Arbeitgebern und Arbeitnehmern geschuldet werden (zur Zeit, d. h. 1. 1. 1980: 0,8 %). Maßgebend ist der Lohn im Sinne der AHV-Gesetzgebung; im Gegensatz zu dieser wird er aber nur bis zum Höchstbetrag von 46.800 Fr. jährlich der Beitragspflicht unterworfen. Das erwähnte BG ist teilweise weiterhin anwendbar, so z. B. im Bereiche der Leistungen, in Verfahrensfragen, hinsichtlich der Arbeitsvermittlung durch die kantonalen Arbeitsämter usw.[20].

---

[18] Saxer, Die soziale Sicherheit, S. 219 ff.; SJK, Karten Erwerbsersatzordnung.
[19] Holzer, Kommentar; Saxer, Die soziale Sicherheit, S. 208 ff.; SJK, Ersatzkarte Arbeitslosenversicherung; Tschudi, Sozialversicherungsrevisionen, SZS 1977, S. 184 ff.

8. Familienzulageordnung (FLO)[21]

Mit dem BG über die Familienzulagen für landwirtschaftliche Arbeitnehmer und Kleinbauern — so lautet der heute geltende Titel — vom 20. Juni 1952, das letztmals am 14. Dezember 1973 geändert worden ist, wurde die Ordnung weitgehend übernommen, die der Bundesrat während des Krieges durch Vollmachtenbeschluß geschaffen hat. Eine Ausdehnung ist immerhin insoweit erfolgt, als durch Gesetzesrevision vom 16. März 1962 zusätzlich zu den Bergbauern die selbständigen Kleinbauern des Unterlandes in die Regelung eingeschlossen worden sind. Gewährt werden Haushalts- und Kinderzulagen. Es hat sich gezeigt, daß kein dringendes Bedürfnis nach einem Bundesgesetz besteht, welches z. B. sämtliche Arbeitnehmer, also nicht nur jene im Gebiete der Landwirtschaft, einer eidgenössischen Familienzulagenordnung unterstellen würde; denn sämtliche Kantone haben in der Zeit von 1943 bis 1963 bereits Kinderzulagen-Gesetze erlassen. Die FLO wird teilweise durch Beiträge der Arbeitnehmer und Arbeitgeber, teilweise durch Subventionen finanziert und durch die kantonalen AHV-Ausgleichskassen durchgeführt[22].

9. Militärversicherung (MV)[23]

Das BG über die Militärversicherung vom 20. September 1949 ist zwar verschiedentlich geändert worden, es gilt grundsätzlich aber nach wie vor. Es deckt Personen, die Militär- und Zivilschutzdienst leisten, gegen Unfall und Krankheit, in bestimmten Ausnahmefällen lediglich gegen Unfall. Die Leistungen sind ähnlich jenen in der obligatorischen Unfallversicherung, also stark ausgebaut. Der Bund finanziert die Militärversicherung vollständig aus öffentlichen Mitteln, und zwar nach dem Umlageverfahren. Das Bundesamt für Militärversicherung ist für die Durchführung zuständig. Es sind von 1972 - 1976 verschiedene Anstrengungen unternommen worden, das Gesetz vollständig zu revidieren. Allein der Gedanke einer Total- oder auch nur einer Teilrevision wird einstweilen nicht weiterverfolgt[24].

---

[20] Weiteres zu dieser komplizierten Regelung SJK, Ersatzkarte Nr. 1147.
[21] Saxer, Die soziale Sicherheit, S. 195 ff.; Schaeppi, Kinderzulagen, S. 37 ff. und 45 ff.; Vasella, SZS 1971, S. 127; Tschudi, SZS 1977, S. 191 f.
[22] Vgl. auch Maurer, Sozialversicherungsrecht bei Anm. 169 und 181 f.
[23] Saxer, Die soziale Sicherheit, S. 231 ff.; Jean Bassegoda, 75 Jahre Militärversicherung, Bern 1976; Schatz, Kommentar; SJK, Karten Militärversicherung.
[24] Maurer, Sozialversicherungsrecht bei Anm. 179 und 538 a.

10. Rechtspflege[25]

a) Die Regelung der Rechtspflege ist stark zersplittert und schwer überschaubar. Bestimmungen finden sich vornehmlich in den Sozialversicherungsgesetzen selbst, ferner im BG über das Verwaltungsverfahren vom 20. Dezember 1968 (VwG oder VwVG), im BG über die Organisation der Bundesrechtspflege in der Fassung vom 20. Dezember 1968 (OG) sowie in kantonalen Erlassen, mit denen Rechtspflegeinstanzen und das Verfahren vor ihnen festgelegt werden. Im folgenden sollen lediglich wenige Einzelheiten genannt werden.

b) Die verschiedenen Sozialversicherungsgesetze bestimmen, daß die Kantone als erstinstanzliches Gericht z. B. je ein Versicherungsgericht — für die Unfall-, Kranken- und Militärversicherung — und je eine Rekurskommission — für die AHV und die ihr angegliederten Zweige wie EL, EO, FLO usw. — zu errichten haben, wobei sie befugt sind, die Rechtsprechung in einem einzigen Gericht zusammenzufassen, wie dies einzelne Kantone denn auch getan haben. Der Bund selbst hat lediglich *ein* erstinstanzliches Gericht geschaffen, nämlich die Eidg. Rekursbehörde für im Ausland wohnende Personen gemäß AHVG 84 II. Die Sozialversicherungsgesetze schreiben den Kantonen in verschiedenen Punkten vor, wie sie ihr Verfahrensrecht für die kantonalen Sozialversicherungsgerichte auszugestalten haben, um eine weitgehend einheitliche Verwirklichung des Sozialversicherungsrechts zu gewährleisten. Die Sozialversicherungsgerichte sind Organe der Verwaltungsgerichtsbarkeit, da sie Streitigkeiten aus Bundesverwaltungsgesetzen, nämlich aus den Sozialversicherungsgesetzen, zu beurteilen haben.

c) Das VwG regelt einmal das Verfügungs- oder Verwaltungsverfahren, nämlich das Entstehen und den Erlaß von Verfügungen — diese werden in der BRD meistens als Verwaltungsakte bezeichnet — und sodann das Beschwerdeverfahren, d. h. die Anfechtung solcher Verfügungen bei übergeordneten Verwaltungsstellen. Allein das VwG gilt nicht für alle Sozialversicherungsträger, die zu verfügen haben. Überdies hebt es Verfahrensbestimmungen in Sozialversicherungsgesetzen auf, soweit sie ihm widersprechen. Nur wenige seiner Bestimmungen sind auf die kantonalen Versicherungsgerichte anwendbar. Das VwG kompliziert daher für die Sozialversicherung das Verfahrensrecht in mehrfacher Hinsicht.

d) Entscheidungen der erstinstanzlichen Sozialversicherungsgerichte können in der Regel an das Eidg. Versicherungsgericht (EVG) in Luzern weitergezogen werden. Dieses ist aufgrund des KUVG vom 13. Juni 1911 als selbständiges Gericht, also neben dem Bundesgericht in Lausanne,

---

[25] Maurer, Sozialversicherungsrecht, §§ 22 - 25 mit Literaturhinweisen.

geschaffen worden. Das Verfahren wurde durch einen Bundesbeschluß geregelt. Die mehrfach erwähnte Novelle zum OG vom 20. Dezember 1968 bezeichnet das EVG nunmehr „als organisatorisch selbständige Sozialversicherungsabteilung des Bundesgerichts", mit Sitz in Luzern, und integriert es zur Hauptsache in die Bundesverwaltungsgerichtsbarkeit. Das EVG besteht zur Zeit aus 7 vollamtlichen Bundesrichtern[26] und 9 nebenamtlichen Ersatzrichtern sowie aus insgesamt 13 Gerichtsschreibern und Sekretären, welche die Urteile zu verfassen haben[27]. Zu seiner Kognitionsbefugnis gehört die Prüfung, ob Bundesrecht verletzt ist (revisio in iure); soweit es sich jedoch um die Bewilligung oder Verweigerung von Versicherungsleistungen handelt, darf das EVG den Sachverhalt und die Angemessenheit frei überprüfen.

---

[26] Ihre Zahl soll demnächst auf 9 erhöht werden.

[27] Im Gegensatz zu den obersten Gerichten in der BRD redigieren die schweizerischen Bundesrichter die Urteile nicht selbst. Die Anzahl der Gerichtsschreiber und Sekretäre soll demnächst auf insgesamt 23 erhöht werden. Der Bundesrat hat der Bundesversammlung bereits eine entsprechende Botschaft zugeleitet.

Zweiter Abschnitt

Entstehung und Entwicklung der Sozialversicherung im schweizerischen Bundesstaat

A. Von der Gründung des Bundesstaates bis zum Ende des Ersten Weltkrieges (1848 - 1918)

I. Die Bundesverfassungen von 1848 und 1874[28]

1. *Die Bundesverfassung vom 12. September 1848*

Nach dem Zusammenbruch des napoleonischen Kaiserreichs trat die Schweiz aus dem französischen Protektoratsverhältnis heraus. Die Kantone einigten sich auf den Bundesvertrag vom 7. August 1815, der einen Staatenbund begründete. Die Tagsatzung sollte die wenigen gemeinsamen Geschäfte führen. Von der zweiten Pariser Friedenskonferenz vom 20. November 1815 wurde die immerwährende Neutralität der Schweiz ausdrücklich anerkannt. Die französische Julirevolution von 1830 löste hier eine starke liberale Bewegung aus. Die liberalen Parteien erreichten in der Mehrzahl der Kantone eine Verbesserung der demokratischen Rechte und strebten eine Verstärkung der Bundesgewalt an. Vorwiegend konfessionelle Streitigkeiten gaben den sieben katholischen Kantonen Veranlassung, 1845 einen „Sonderbund" zu schließen. Die Tagsatzung erzwang im „Sonderbundskrieg" die Auflösung des „Sonderbundes" durch eidgenössische Truppen unter dem Kommando von General Dufour. Anschließend konnte die Bundesreform ungestört durchgeführt werden. Am 12. September 1848 nahmen die Kantone eine Bundesverfassung an, welche die Schweiz vom Staatenbund in einen Bundesstaat verwandelte.

2. *Ursprünglich keine sozialpolitische Kompetenz des Bundes*

Das Zweikammersystem, das dem amerikanischen Vorbild entsprach, war auf den Ausgleich zwischen zentralistischen und föderalistischen Strömungen angelegt. Die neue Verfassung gewährte jedoch dem Bund eher bescheidene Kompetenzen. Immerhin ermöglichte sie ihm die Beseitigung der Binnenzölle sowie der Weg- und Brückengelder, die Ver-

---

[28] Vgl. zur geschichtlichen Entwicklung z.B. Aubert, Traité I, S. 17 ff. und 34 ff.; Fleiner / Giacometti, Bundesstaatsrecht, S. 4 ff.

einheitlichung von Maß und Gewicht und der Post. Damit waren wichtige Voraussetzungen für eine gedeihliche wirtschaftliche Entwicklung geschaffen. Auf sozialpolitischem Gebiet bekam der Bund keinerlei Kompetenzen, auch nicht solche zur Gesetzgebung über das Zivilrecht.

3. Die Bundesverfassung vom 29. Mai 1874

Die heute so benannte Freisinnig-Demokratische Partei, die den Liberalismus vertrat, beherrschte während Jahrzehnten den Nationalrat wie den Bundesrat. Ihre Mehrheit ging erst 1919 verloren, als für den Nationalrat das Proportionalwahlverfahren eingeführt wurde. Sie strebte schon bald nach der Gründung des Bundesstaates eine Verstärkung der Zentralgewalt und die Vereinheitlichung z. B. des Zivilrechts an. Obschon ein erster Versuch, die Bundesverfassung von 1848 einer Totalrevision zu unterziehen, in der Volksabstimmung von 1872 scheiterte, setzten die Bundesbehörden ihre Revisionsarbeit fort. Ein neuer Verfassungsentwurf mit weniger zentralistischen Tendenzen wurde vom Volk am 19. April 1874 angenommen und von der Bundesversammlung als neue Bundesverfassung am 29. Mai 1874 in Kraft gesetzt. Zu einer weiteren Totalrevision ist es seither nicht mehr gekommen.

4. Der noch heute geltende Artikel 34

Unter den Neuerungen, welche die Bundesverfassung von 1874 brachte, seien einige wenige hervorgehoben[29]: das fakultative Gesetzesreferendum[30]; Verankerung des Grundsatzes der Handels- und Gewerbefreiheit, der vorher bereits in zahlreiche kantonale Verfassungen Eingang gefunden hatte; Bundeskompetenz auf dem Gebiete des Obligationenrechts, unter Einschluß des Handels- und Wechselrechts[31], womit der Bund auch zum Erlaß haftpflichtrechtlicher Gesetze zuständig war usw. Von größter Bedeutung für die künftige Entwicklung der Sozialgesetzgebung ist der noch heute geltende Art. 34, dessen Abs. 1 wie folgt lautet[32]:

> „Der Bund ist befugt, einheitliche Bestimmungen über die Verwendung von Kindern in den Fabriken und über die Dauer der Arbeit erwachsener Personen in denselben aufzustellen. Ebenso ist er berechtigt, Vorschriften zum Schutze der Arbeiter gegen einen die Gesundheit und Sicherheit gefährdenden Gewerbebetrieb zu erlassen."

---

[29] Zusammenstellung bei Aubert, Traité I, S. 48 ff.

[30] Das Volksinitiativrecht auf Partialrevision wurde erst 1891 eingeführt.

[31] Die Kompetenz zur Gesetzgebung in den übrigen Gebieten des Zivilrechts und des Strafrechts erhielt der Bund erst in der Volksabstimmung vom 13. November 1898 durch Änderung des bisherigen Art. 64 und Aufnahme eines neuen Art. 64 bis BV.

[32] Vgl. zur Entstehungsgeschichte Benöhr, Crise et législation sociale, S. 12 ff.; Burckhardt, Kommentar, S. 280 f.; Landmann, Arbeitsschutzgesetzgebung, S. XXVI ff. u. a. m.

Abs. 2 unterstellte sodann den Geschäftsbetrieb (von Auswanderungsagenturen) und von „Privatunternehmungen im Gebiete des Versicherungswesens ... der Aufsicht und Gesetzgebung des Bundes".

Wohl dient Abs. 1 in erster Linie dem Schutz der menschlichen Gesundheit vor Gefahren und ist damit polizeilicher Natur; er enthält aber bereits die Wurzel, aus welcher später die moderne Sozialversicherung hervorgegangen ist. Für die weitere Entwicklung war auch das private Versicherungswesen wichtig; Abs. 2 hat die Grundlage für dessen gesundes Wachstum geschaffen.

II. Die Zeit von 1875 - 1890

1. Industrialisierung und Industriearbeiter[33]

a) Schon um 1800 wurde die in England erfundene Spinnmaschine in der Schweiz eingeführt. Diese verdankt ihren industriellen Aufschwung in der ersten Hälfte des letzten Jahrhunderts vor allem der Textilindustrie, zu der man die Baumwoll-, Seiden- und Stickereiindustrie zu zählen pflegt[34]. Weitere Wirtschaftszweige, die sich wegen der rasch fortschreitenden Mechanisierung stark entwickelten, waren die Uhrenindustrie und — in der zweiten Hälfte des Jahrhunderts — die Maschinenindustrie sowie später die chemische Industrie. Gegen Ende des Jahrhunderts nahm auch der Export beträchtlich zu. Der gesamte Außenhandel (Ausfuhr und Einfuhr zusammen) stieg in der Zeit von 1888 - 1913 von rund 1.500 Mill. auf 3.300 Mill. Franken. 1888 waren in Industrie und Handwerk etwa 600.000, 1910 811.000 Personen tätig[35]. Die Industrialisierung entzog namentlich der Landwirtschaft zahlreiche Arbeitskräfte. Sie ließ eine neue Schicht der Bevölkerung entstehen, nämlich die Industriearbeiterschaft[36], zu der man in der Schweiz sowohl die Fabrikarbeiter als auch die Heimarbeiter rechnete.

---

[33] Zur umfangreichen Literatur lediglich folgende Hinweise: Benöhr, Anm. 32, S. 2 ff.; Jean-François Bergier, Naissance et croissance de la Suisse industrielle, Bern 1974; Walter Bodmer, Schweizerische Industriegeschichte, Die Entwicklung der schweizerischen Textilwirtschaft im Rahmen der übrigen Industrien und Wirtschaftszweige, Zürich 1960; Heinz Dällenbach, Kantone, Bund und Fabrikgesetzgebung (1853 - 1877), Berner Diss., Zürich 1961; Grobéty, La Suisse; Gruner, Arbeiter in der Schweiz; Hauser, Wirtschafts- und Sozialgeschichte; Emil Hobi, Die Entwicklung der Fabrikgesetzgebung im Kanton Glarus, Berner Diss. 1920; Maurer, Sozialversicherungsrecht, § 5, II; William E. Rappard, La révolution industrielle et les origines de la protection légale du travail en Suisse, Bern 1914.

[34] Gruner, Anm. 33, S. 52; Hauser, Anm. 33, S. 199 ff.

[35] Hauser, Anm. 33, S. 194.

[36] Gruner, Anm. 33, S. 51. Er schätzt ihre Zahl für 1880 auf 279.000 (S. 81) bei einer Gesamtbevölkerung von 2,8 Mill.

Gegen Ende des Jahrhunderts weitete sich auch das Baugewerbe aus, was vor allem auf die Industrialisierung, den Eisenbahn- und den Straßenbau zurückzuführen ist. Der Eisenbahnbau stieß in der Schweiz auf erhebliche Schwierigkeiten, da die Kontrolle der Bahnen erst durch das Eisenbahngesetz von 1872 dem Bund übertragen wurde. Ende 1880 erreichte das Eisenbahnnetz eine Länge von 2.440 km, um 1950 dagegen rund 5.700 km. 1882 konnte die Gotthardbahn dem Betrieb übergeben werden[37]. Diese Nordsüdverbindung war und ist schon deshalb von überragender Bedeutung, weil die Schweiz über keine nennenswerten eigenen Rohstoffe — außer über Wasser — verfügt, sie also aus dem Ausland importieren muß. Dies gilt auch für die Kohle. Die Schweiz hat daher frühzeitig damit begonnen, das Wasser für die Stromerzeugung zu verwenden. Bereits um 1886 wurden die ersten Elektrizitätswerke eröffnet.

b) Die Industrie war krisenanfällig. So konnten zollschützlerische Maßnahmen der umliegenden Staaten innerhalb kürzester Zeit ganze Erwerbszweige lahmlegen[38]. Auch gingen zahlreiche Unternehmungen, die im Gründungsfieber in den letzten Dezennien des 19. Jahrhunderts ohne genügende finanzielle und fachliche Fundierung entstanden waren, wieder ein. Die Gefahr der Arbeitslosigkeit war latent stets vorhanden.

Die Löhne der Arbeiter waren bescheiden. Immerhin stiegen sie allmählich an, da viele Unternehmungen wirtschaftlich erstarkten. Hauser[39] hat versucht, die Entwicklung der durchschnittlichen Reallöhne für die Zeit von 1830 - 1955 für bestimmte Jahre tabellarisch festzuhalten. Zugleich errechnete er, wie lange ein Arbeiter arbeiten mußte, um je ein Pfund Brot, Rindfleisch und Butter kaufen zu können. Die Zahlen seien hier — in Stunden und Minuten — für die Jahre 1860, 1880 und 1955 wiedergegeben. Brot: 2,00; 1,05; 0,07; Rindfleisch: 4,30, 3,00, 1,07; Butter: 6,18; 5,316; 1,44. Somit ist der Reallohn im Verlaufe von rund hundert Jahren stark angestiegen. Er war aber für die Jahre 1860 und 1880 noch äußerst bescheiden. Dies erklärt, daß nicht nur Männer, sondern auch Frauen und sogar Kinder Industriearbeit verrichteten; der gesamte Familienlohn war erforderlich, um der Familie ein ausreichendes Einkommen zu sichern[40]. Schwer erträglich waren die immer wieder zu verzeichnenden Teuerungen, die z. B. infolge von Mißernten in der Schweiz oder im benachbarten Ausland auftraten. Die Preise für wichtige Lebensmittel wie Brot konnten sich dann innert

---

[37] Hauser, Anm. 33, S. 291 ff.
[38] Ebenda, S. 329.
[39] Ebenda, S. 323.
[40] Näheres bei Gruner, Anm. 33, S. 113.

kürzester Zeit verdoppeln oder gar verdreifachen, um später wieder zu sinken. Die Löhne folgten der Teuerung nicht, so daß durch diese große Not verursacht wurde[41].

c) Die Gewerkschaften kamen in der Schweiz, im Gegensatz etwa zu England, erst ziemlich spät auf. Wohl findet man in verschiedenen, industriell entwickelten Kantonen oder Städten schon in der ersten Hälfte des 19. Jahrhunderts Ansätze oder Vorläufer. Zur vollen Ausbildung gelangten die Gewerkschaften der verschiedenen Wirtschaftszweige in der zweiten Hälfte. Der schweizerische Gewerkschaftsbund wurde 1880 gegründet. Ihm schlossen sich zuerst lediglich 12 Sektionen mit insgesamt 133 Mitgliedern an. Heute zählt er gegen eine halbe Million Mitglieder[42]. Im gleichen Jahr wurde, völlig unabhängig von ihm, die Sozialdemokratische Partei der Schweiz gegründet. In verschiedenen Kantonen waren schon früher sozialdemokratische Parteien entstanden. Der Zusammenschluß in einer schweizerischen Partei war vorher verschiedentlich an ideologischen und programmatischen Auseinandersetzungen gescheitert. Es spielten hierbei die Ideen von Marx / Engels eine nicht unwesentliche Rolle; sie trugen aber wohl eher zur Spaltung als zur Einigung der Arbeiterschaft bei[43]. In den achtziger Jahren fristete die Sozialdemokratische Partei ein Schattendasein. An ihrer Stelle verstand sich damals der Grütliverein als eigentlicher Interessenvertreter der Arbeiterschaft[44]. Daneben hatten auch die Freisinnige und die Konservative Partei im Parlament ihre „linken" Flügel, die Sozialpolitik betrieben. Schon vor der Arbeiterschaft hatten sich Handel und Industrie auf Bundesebene organisiert. Der Schweizerische Handels- und Industrieverein (Vorort) wurde am 12. März 1870 gegründet[45]. Die Arbeitgeberverbände sind erst nach den Gewerkschaften entstanden, nämlich zu Beginn des 20. Jahrhunderts. Sie haben sich 1908 in einem Spitzenverband vereinigt[46].

---

[41] Während des deutsch/französischen Krieges von 1870/71 sind die Preise einzelner Lebensmittel in der Schweiz innerhalb weniger Wochen aufs Dreifache, ja Fünffache gestiegen; Hauser, Anm. 33, S. 328.

[42] Gruner, Anm. 33, S. 877; er schildert in verschiedenen Abschnitten die Entwicklung des Gewerkschaftswesens im 19. Jh. — Hauser, Anm. 33, S. 349 f.; der Christlichsoziale Gewerkschaftsbund der Schweiz wurde 1907 gegründet.

[43] Gruner, Anm. 33, S. 769. Er bezeichnet auf S. 790 Karl Moor und Otto Lang als eigentliche Väter des schweizerischen Marxismus (Kommunismus). In einem sozialdemokratischen Programm von 1878 wurde z. B. die Abschaffung von Privateigentum und Erbrecht postuliert (S. 775).

[44] Ebenda, S. 796, 802 und passim.

[45] Bernhard Wehrli, Aus der Geschichte des schweizerischen Handels- und Industrie-Vereins, Zürich 1970, S. 27. Er weist auf S. 24 darauf hin, daß in der Bundesverwaltung 1863 nicht einmal ein besonderer Beamter für Handelsangelegenheiten vorhanden war.

d) Die Industrialisierung hat im letzten Jahrhundert, jedenfalls seit der Gründung des Bundesstaates, nicht zu größeren sozialen Unruhen geführt. Dabei war sie in der Aufbauphase für die Arbeiterschaft hart: lange Arbeitszeiten; geringer Lohn; Gefahr der Arbeitslosigkeit; kein Teuerungsausgleich. Zahlreichen Fabrikanten gelang es, großen Reichtum anzuhäufen, und nicht wenige von ihnen mochten die Belegschaften nicht nur patriarchalisch, wie dies jener Zeit entsprach, sondern gar despotisch behandelt haben. Es ist daher eigentlich erstaunlich, daß es in den Fabriken nur wenige Streiks gab[47].

e) In der Zeit von 1875 - 1890 hat der Bund lediglich Gesetze erlassen, mit denen er die Fabrikarbeiterschaft gegen die wirtschaftlichen Folgen von Betriebsunfällen und Berufskrankheiten zu sichern versuchte, nämlich das Fabrikgesetz von 1877 und die Fabrikhaftpflichtgesetze von 1881 und 1887. Für andere soziale Risiken wie Arbeitslosigkeit, Alter, Invalidität und Krankheit gab es keine Bundesgesetze. Kantonale Gesetze und auch Regelungen von Gemeinden bildeten Ausnahmen. Erwähnt sei als Beispiel die Stadt Luzern. Sie verwandelte 1876 eine in den früheren Jahrzehnten vom Stadtrat und von den Handwerksmeistern verwaltete Krankenpflegeanstalt in eine allgemeine städtische Arbeiterkrankenkasse, der alle Arbeiter aufgrund eines Obligatoriums beitreten mußten[48].

Zahlreich waren private Einrichtungen, die Unterstützungen gewährten, wenn Mitglieder z. B. wegen Krankheit in Not gerieten. Sie beruhten auf dem Gedanken der Gemeinnützigkeit. Ein leuchtendes Beispiel war die Stadt Basel. Alle gemeinnützigen Stiftungen und Vereine zusammen besaßen hier um 1880 ein Vermögen von 22 Mill. Franken, das jährlich Zinsen von rund 4 Mill. Franken abwarf und damit annähernd die Höhe der Staatseinnahmen erreichte[49]. Im gleichen Jahr war in der Schweiz durchschnittlich von 13,6 Einwohnern einer Mitglied eines Hilfsvereins, welcher in akuten oder chronischen Notlagen nach dem Grundsatz der Gegenseitigkeit Hilfe gewährte[50].

Arbeiter griffen auch zur Selbsthilfe, indem sie Hilfskassen gründeten. Im Jahre 1880 gab es bereits 1.085 solcher Kassen, von denen die meisten Leistungen bei Krankheit gewährten, einige daneben oder aus-

---

[46] Hauser, Anm. 33, S. 350. Vgl. Näheres über Arbeitgeber im letzten Jh. bei Gruner, Anm. 33, S. 954.

[47] Über die Typologie des Arbeitgebers sowie die Streiks vgl. Gruner, Anm. 33, S. 959, 920 und 925 (mit Tabellen über Streiks).

[48] Ebenda, S. 253; Gruner erwähnt, daß im Kanton Zürich bereits 1844 ein gesetzlich geregeltes beschränktes Beitrittsobligatorium eingeführt wurde und schildert überdies die 1881 gescheiterten Bestrebungen in Basel, eine für alle Arbeitnehmer obligatorische Krankenversicherung zu schaffen.

[49] Ebenda, S. 1001.

[50] Ebenda, S. 1003.

schließlich auch für andere Risiken wie Invalidität, Tod, Alter usw. Unterstützung- und Krankenkassen dieser Art entwickelten sich allmählich zu Gewerkschaften[51].

Weit verbreitet waren die Fabrikkassen, die zur Hauptsache Leistungen bei Krankheit der Arbeiter gewährten. 1880 soll es 350 - 400 Fabrikkassen mit rund 45.000 versicherten Arbeitern gegeben haben; dies sind etwa 50 % aller Arbeiter, welche in den dem Fabrikgesetz unterstellten Betrieben beschäftigt waren[52].

Schon ziemlich früh entstanden Arbeitslosenversicherungskassen. Die Arbeiter begannen hier mit der Selbsthilfe. Die Typographen gründeten 1884 die erste private schweizerische Arbeitslosenversicherungskasse. Die ersten öffentlichen Arbeitslosenversicherungskassen in Europa errichteten die Städte Bern 1893 und St. Gallen 1894[53].

Die organisierte Altersversorgung entwickelte sich ziemlich spät. Bescheidene Anfänge sind vielleicht für die siebziger Jahre zu vermerken, indem Großfirmen wie die Firma Sulzer mit der Schweizerischen Rentenanstalt eine Kollektivversicherung für das Personal abschlossen[54]. Später wurden Pensionskassen für die Beamten geschaffen, 1888 jene des Kantons Basel-Stadt, dem 1893/99 der Kanton Genf und 1907 die Bundesbahnen für ihr Personal folgten. Eine allgemeine Altersfürsorge für die ganze Bevölkerung, jedoch ohne Obligatorium, bauten die Kantone Neuenburg 1898 und Waadt 1907 auf[55].

Obwohl Hilfskassen der verschiedensten Art bestanden, konnten Einwohner überall und immer wieder in Not geraten. Wohl waren die Verwandten in gewissem Rahmen zur Unterstützung verpflichtet, aber auch diese Hilfe mußte oft versagen. Letztes „Auffangnetz" war die Heimatgemeinde. Es war etwa seit dem 16. Jahrhundert ihre Aufgabe, die in Not geratenen Bürger zu unterstützen[56]. Doch die „Armengenössigen" wurden meistens mit Herablassung behandelt. Lange herrschte die ur-

---

[51] Ebenda, S. 1004, 1005 und 1008.
[52] Ebenda, S. 1018; die älteste Fabrikkrankenkasse sei 1827 vom Ebauches-Unternehmen ins Leben gerufen worden (S. 1016) — insgesamt gab es 1903 in der Schweiz 2.006 Krankenkassen auf Gegenseitigkeit; Furrer, Entstehung und Entwicklung, S. 54.
[53] Maurer, Sozialversicherungsrecht, Anm. 157. Gruner, Anm. 33, S. 256 nimmt an, daß die Arbeitslosigkeit in der Schweiz vielerorts nicht eine so schreckliche Geisel wie im Ausland dargestellt habe, weil der schweizerische Arbeiter, wenn er ländlichen Wohnsitz gehabt habe, in Notzeiten von einem Subsidiäreinkommen aus der Landwirtschaft leben konnte. Tatsächlich verfügten zahlreiche Arbeiter über kleine Äcker und hielten vorwiegend Kleinvieh wie Ziegen und Schweine.
[54] Gruner, Anm. 33, S. 1015.
[55] Maurer, bei Anm. 158.
[56] Fleiner, Bundesstaatsrecht, S. 526.

alte Meinung vor, Armut sei selbstverschuldet, oder gar, sie sei eine Strafe Gottes wegen schlechten Lebenswandels[57]. Massenarmut, der sog. Pauperismus, hat es wohl in allen Jahrhunderten gegeben. Sie wird für die Mitte des vergangenen Jahrhunderts für verschiedene Länder — z. B. England, Holland, Belgien — auf 20 % der Bevölkerung geschätzt. Seither dürfte sie jedenfalls in der Schweiz ziemlich stark zurückgegangen sein; für das Jahr 1870 hat eine Enquête ergeben, daß 4,6 % der Bevölkerung Armenunterstützung bezogen[58]. Zahlreiche Gemeinden hatten große Armenlasten zu tragen, unter ihnen viele von geringer Finanzkraft. Arme Gemeinden konnten nur bescheidene Unterstützungen gewähren. Sie mußten froh sein, wenn sich Industrie ansiedelte, denn dadurch wurden meistens Steuerquellen erschlossen. Es ist nicht bekannt, welche Bevölkerungsschicht etwa gegen Ende des letzten Jahrhunderts in einem längerfristigen Durchschnitt den höchsten Prozentsatz an Armen aufwies[59].

2. Das Fabrikgesetz von 1877[60]

a) Der Liberalismus, der sich verfassungsmäßig z. B. in der Handels- und Gewerbefreiheit ausprägte, brachte den privaten Unternehmergeist zu voller Entfaltung, dem die Schweiz weitgehend die Industrialisierung und den Bau der Eisenbahnen verdankt. Sein Postulat, daß sich der Staat nicht in die Wirtschaft einmischen solle — laissez faire et laissez aller —[61], hatte auch soziale Mißstände entstehen lassen, namentlich die teilweise rücksichtslose Ausbeutung der Arbeitskraft von Männern, Frauen und Kindern in den Fabriken. Überdies bildeten Maschinen, die keine ausreichenden Schutzvorrichtungen aufwiesen, und die durch die langen Arbeitszeiten verursachte Übermüdung eine beträchtliche Quelle für Unfälle.

Frauen- und Kinderarbeit war in früheren Jahrhunderten weitverbreitet. Sie wurde auch im 19. Jahrhundert in Fabriken fortgeführt und sogar ausgedehnt. Selbst Pestalozzi vertrat in seinen Frühschriften noch

---

[57] Hauser, Anm. 33, S. 188 und 330.
[58] Einläßlich zum Pauperismus Gruner, Anm. 33, S. 16 ff. und S. 28, bes. Anm. 37.
[59] Die jüngste Entwicklung verläuft in der Schweiz dahin, daß das Heimatprinzip immer mehr durch das Wohnortsprinzip verdrängt wird, indem die Wohnortsgemeinde die Armen zu unterstützen hat. Man spricht auch immer weniger von Armenunterstützung, da heute der Ausdruck der Fürsorge oder Sozialhilfe verwendet wird. Vgl. Näheres bei Maurer, Anm. 53, S. 59 ff.
[60] Vgl. die in Anm. 33 vermerkte Literatur und ferner: Landmann, Arbeiterschutzgesetzgebung, S. XXX ff.; Victor Schiwoff, Die Beschränkung der Arbeitszeit durch die kantonale Gesetzgebung und durch das erste eidgenössische Fabrikgesetz von 1877, Berner Diss. (rer. pol.), 1952.
[61] Vgl. die geraffte Zusammenfassung der wichtigeren von Adam Smith entwickelten Ideen z. B. bei Hauser, Anm. 33, S. 192.

die Meinung, daß man die Kinder vom sechsten Jahre an in der Industrie verwenden könne, da man sie an die Arbeit gewöhnen müsse; immerhin dürften sie nicht überanstrengt werden und der Schulunterricht habe den Vorrang. Allein in den ersten Dezennien des letzten Jahrhunderts entstanden schwerste Mißstände. Kinder mußten 13 bis 15 Stunden am Tag arbeiten, und zwar unter Bedingungen, die gravierende gesundheitliche Schädigungen bewirkten[62]. 1868 arbeiteten in der Schweiz 9.505 Kinder in total 664 Fabriken. 9.017 Kinder waren 12- bis 16jährig, 436 10- bis 11jährig und 52 unter 10jährig[63].

b) Verschiedene Kantone sind dem Bund in der Arbeiterschutzgesetzgebung vorausgegangen. So hatte der Kanton Zürich bereits 1815 gesetzlich bestimmt, daß Kinder erst vom 10. Altersjahr an in die Fabriken eintreten und höchstens 12 bis 14 Stunden arbeiten dürften. Bemerkenswert ist sodann der Kanton Glarus, dessen Gesetze durch die Landsgemeinde beschlossen werden mußten. Seine Bevölkerung arbeitete 1860 zu rund einem Drittel in den Fabriken, besonders in der Baumwollspinnerei und in der Zeugdruckerei[64]. Nachdem er schon in früheren Jahren Arbeiterschutzgesetze erlassen hatte, gelang ihm mit dem kantonalen Fabrikgesetz von 1866 eine eigentliche Pioniertat: Dies war wohl das erste Gesetz auf dem Kontinent, mit welchem die Arbeitszeit für Erwachsene auf höchstens zwölf Stunden pro Tag reduziert wurde. 1872 ging der Kanton noch einen Schritt weiter und führte den Elfstundentag ein[65]. Diese beiden Gesetze dienten dem Bund in dieser und in manch anderer Hinsicht als Vorbild für sein Fabrikgesetz.

c) Mit erstaunlicher Geschwindigkeit haben die Bundesbehörden, in Vollzug von Art. 34, der in der Bundesverfassung vom 29. 5. 1874 aufgenommen worden war, das Fabrikgesetz erlassen. Nach sorgfältiger Vorbereitung durch eine Expertenkommission und Einholung zahlreicher Vernehmlassungen konnte der Bundesrat am 2. November 1875 den Entwurf zum neuen Gesetz und am 6. Dezember 1875 die Botschaft an die Bundesversammlung zum Entwurf verabschieden[66]. Schon am 23. März 1877 nahm die Bundesversammlung den in nur wenigen Punkten geänderten Entwurf und damit das „Bundesgesetz betreffend die

---

[62] Ebenda, S. 331 ff.
[63] Gruner, Anm. 33, S. 114.
[64] Dällenbach, Anm. 33, S. 72 mit Angaben über Frauen- und Kinderarbeit; Grobéty, La Suisse, S. 53 ff.
[65] Dällenbach, Anm. 33, S. 89 f. beschreibt kurz den Verlauf der bewegten Landsgemeinde vom 29. September 1872; Grobéty, Anm. 64, S. 88 ff.
[66] BBl. 1875 IV, S. 573 und 921; vgl. den Text zu BV 34 vorne bei Anm. 32. Die Botschaft ist auch heute noch in mancher Hinsicht bemerkenswert, da sie die damalige Zeit widerspiegelt, Prognosen für die Zukunft wagt und ausländische Gesetzgebungen, so deutsche, französische und englische darstellt.

Arbeit in den Fabriken"[67] an. Es hat in Literatur und Judikatur seinen festen Platz mit der Kurzbezeichnung „Fabrikgesetz 1877" gefunden. Da das Referendum ergriffen wurde, kam es zur Volksabstimmung vom 21. Oktober 1877. Das Gesetz wurde nach einem heftig geführten Kampf nur knapp mit 181.204 Ja gegen 170.857 Nein angenommen[68]. Gegner waren vornehmlich die Industrien und ihre Organisationen, da sie glaubten, gegenüber der Konkurrenz im Ausland benachteiligt zu werden; befürwortet wurde das Gesetz von den Arbeitnehmern und ihren Organisationen. Allein auf beiden Seiten gab es doch bedeutende Ausnahmen. So traten in der Bundesversammlung mehrere weitblickende Fabrikanten mit Entschiedenheit z. B. für die Arbeitszeitverkürzungen ein, da mit diesen die Leistungsfähigkeit der Arbeiter gehoben werde; andererseits stimmten zahlreiche Arbeiter in der Volksabstimmung gegen die Vorlage, denn sie befürchteten Lohnkürzungen, die dann tatsächlich ausblieben[69].

Das Gesetz legt den elfstündigen Arbeitstag für Erwachsene und das Verbot für Nachtarbeit samt Bestimmungen über Ausnahmen fest. Es verschafft den schwangeren Frauen und Wöchnerinnen eine Schonzeit von je 8 Wochen vor und nach der Niederkunft. Das Mindestalter für Kinderarbeit bestimmt es auf 14 Jahre und begrenzt die Arbeitszeit der 14- bis 16jährigen einschließlich Schul- und Religionsstunden auf 11 Stunden täglich. Auch sonst greift es in den Arbeitsvertrag ein, indem es z. B. zugunsten der Arbeitnehmer Vorschriften über den Modus der Lohnzahlung und die Auflösung des Vertragsverhältnisses erläßt. Wichtig ist sodann, daß das Gesetz ständig angestellte eidgenössische Fabrikinspektoren vorsieht, die über seine Einhaltung in den Fabriken zu wachen haben. Diesen Fabrikinspektoren verdankt die Arbeiterschaft namentlich hinsichtlich Fabrikhygiene und Unfallverhütung außerordentlich viel[70].

Das Fabrikgesetz enthält eine Reihe von Regelungen, welche die spätere Gesetzgebung des Bundes zur Sozialversicherung der Arbeiterschaft nachhaltig beeinflußten. Einige von ihnen seien im folgenden hervorgehoben:

---

[67] AS (n. F.) 3, S. 241.
[68] Gruner, Anm. 33, S. 248; er wie zahlreiche andere der in Anm. 33 und 60 genannten Autoren zeichnen die interessante Entstehungsgeschichte nach; vgl. noch bes. Grobéty, Anm. 64, S. 169 ff.
[69] Vgl. z. B. Benöhr, Anm. 32, S. 14 ff. und Gruner, Anm. 33, S. 237 ff.
[70] Erwähnt sei vor allem Dr. med. Fridolin Schuler aus Glarus. Er stellte sich als Fabrikinspektor zur Verfügung und zeichnete sich später auch durch seine Publikationen über Arbeitsschutz und Krankenversicherung aus; vgl. z. B. „Erinnerungen eines Siebzigjährigen", Frauenfeld 1903 und „Die obligatorische Krankenversicherung in der Schweiz", Zürich 1891.

aa) Das Gesetz bringt eine Definition des Begriffes der Fabrik, die dann freilich durch bundesrätliche Verordnungen präzisiert werden mußte[71]. Es bestimmt sodann in Art. 1 Abs. 2, daß in Zweifelsfällen der Bundesrat zu entscheiden habe, ob eine industrielle Anstalt eine Fabrik sei und somit unter das Gesetz falle. Der Bundesrat hatte überdies ein Verzeichnis der Fabriken zu erstellen und nachzuführen. Die im Verzeichnis aufgeführten Fabriken waren später automatisch der obligatorischen Unfallversicherung gemäß KUVG vom 13. Juni 1911 unterstellt.

bb) Es finden sich auch schon Vorschriften zur Verhütung von Unfällen und Krankheiten im Gesetz. Diese sog. Prophylaxe wird später im KUVG zu einem maßgebenden Bestandteil der obligatorischen Unfallversicherung.

cc) Das Fabrikgesetz führt in Art. 5 Abs. 2 lit. b — provisorisch, bis zum Erlaß der Haftpflichtgesetze — bereits die Kausalhaftung für Betriebsunfälle ein[72]. Der Fabrikant haftet somit auch dann, wenn ihn oder sein Personal kein Verschulden am Unfall des Arbeiters trifft. Immerhin kann er sich von der Haftpflicht befreien, wenn er z. B. höhere Gewalt nachweist. Bei Mitverschulden des Verunfallten wird die Ersatzpflicht reduziert. Mit der Kausalhaftung für Betriebsunfälle hat der Gesetzgeber ein System festgelegt, das rund 50 Jahre lang Gültigkeit behielt.

dd) Nach lit. d des gleichen Artikels hat der Bundesrat „überdies diejenigen Industrien zu bezeichnen, die erwiesenermaßen und ausschließlich bestimmte gefährliche Krankheiten erzeugen, auf welche die Haftpflicht auszudehnen ist". Mit seinem Beschluß vom 19. Dezember 1887 hat der Bundesrat lit. d konkretisiert, indem er eine Liste von gefährlichen Stoffen aufstellte, die „bestimmte gefährliche Krankheiten erzeugen"[73]. Damit wird bereits die Regelung, wie sie das KUVG in der obligatorischen Unfallversicherung hinsichtlich der Berufskrankheiten später einführt, vorgeformt.

Mit dem Fabrikgesetz von 1877 hat der Bund erstmals und erfolgreich als Gesetzgeber in die Sozialpolitik eingegriffen. Freilich erfaßte er in der Anfangsphase nur eine kleine Minderheit der arbeitenden Bevölkerung — 1888 unterstanden dem Fabrikgesetz rund 160.000 Arbeiter —[74], da namentlich die großen Gruppen der Heimarbeiter, des Gewerbes

---

[71] Der Begriff wurde verschiedentlich erweitert, so daß immer neue Betriebe darunterfielen; Benöhr, Anm. 32, S. 38.
[72] Der Bundesrat beleuchtet in seiner Botschaft, S. 941, die Regelung im deutschen Reichshaftpflichtgesetz von 1871, die weniger streng als jene des Fabrikgesetzes ist.
[73] AS (n. F.) 10, S. 397. Dies ist bereits die erste bundesrätliche „Giftliste".
[74] Benöhr, Anm. 32, S. 21.

usw. ausgeklammert blieben. Er zog es vor, einen eher bescheidenen Fortschritt zu verwirklichen, statt seine Vorlage durch einen allzu kühnen „Wurf" zu gefährden[75].

3. Die Fabrikhaftpflichtgesetze von 1881 und 1887[76]

a) Bereits mit seiner Botschaft vom 26. November 1880 legte der Bundesrat der Bundesversammlung den Entwurf zu einem Bundesgesetz vor[77], mit welchem die Haftpflicht gemäß Art. 5 des Fabrikgesetzes näher geregelt werden sollte. Die Bundesversammlung nahm das „Bundesgesetz betreffend die Haftpflicht aus Fabrikbetrieb" am 25. Brachmonat 1881 an. Da das Referendum nicht ergriffen wurde, konnte der Bundesrat es schon auf den 11. Weinmonat 1881 in Kraft setzen[78].

Das Fabrikhaftpflichtgesetz bestätigt zur Hauptsache die schon in Art. 5 des Fabrikgesetzes umschriebene Haftpflicht. Es unterwirft in Art. 2 den Betreiber einer Fabrik der Kausalhaftung, läßt ihn also selbst für Zufall haften, wenn sein Arbeiter „in den Räumlichkeiten seiner Fabrik und durch den Betrieb derselben eine Körperverletzung oder den Tod" erleidet. Er kann sich jedoch von der Haftung befreien, wenn er beweist, daß der Unfall oder die berufliche Erkrankung z. B. durch höhere Gewalt oder durch ausschließliches eigenes Verschulden des Arbeiters verursacht worden ist. In bestimmten Fällen haftet er nur teilweise, so namentlich, „wenn dem Geschädigten ein Teil der Schuld an dem Unfall (oder an der Erkrankung im Sinne von Art. 3) zufällt". Allein dieses Gesetz verschlechtert die haftpflichtrechtliche Stellung des Arbeiters, verglichen mit Art. 5 des Fabrikgesetzes, ganz erheblich: In Art. 5 begrenzt es nämlich die Haftung, da diese „in den schwersten Fällen ... weder den sechsfachen Jahresverdienst des Betreffenden noch die Summe von Fr. 6.000,— übersteigen soll"[79]. Dieses Maximum findet lediglich dann keine Anwendung, wenn die „Verletzung oder Tötung durch eine strafrechtlich verfolgbare Handlung von seiten des Betriebsunternehmers herbeigeführt worden ist". Der Bundesrat legt in seiner Botschaft dar, daß er Rücksicht auf kleinere und finanziell schwächere

---

[75] Später befolgte der Bundesrat diese Politik der kleinen Schritte öfters; vgl. z. B. BBl. 1886 II, S. 700 betreffend Ausdehnung des Fabrikhaftpflichtgesetzes auf die Landwirtschaft: „Es ist jedenfalls nützlicher, einen geringeren Fortschritt zu sichern, als das Ganze zu gefährden ..."

[76] Aus der Literatur: Landmann, Arbeiterschutzgesetzgebung, S. LIV und XCIV; Piccard, Haftpflichtpraxis; Scherer, Die Haftpflicht des Unternehmers aufgrund des Fabrikhaftpflichtgesetzes und des Ausdehnungsgesetzes, Basel 1908; Zeerleder, Die schweiz. Haftpflichtgesetzgebung, Bern 1888.

[77] BBl. 1880 IV, S. 541 (Botschaft) und 584 (Entwurf).

[78] AS (n. F.) 5, S. 562.

[79] Die Botschaft führt auf S. 573 aus, daß ein Contre-maître einen Jahreslohn von nahezu Fr. 1.500,— oder einen Taglohn von Fr. 5,— beziehe.

Fabriken nehmen müsse (S. 543 - 570): „Der Fabrikant, in dessen Etablissement ein bedeutender Unfall stattgefunden und der mehrere Betroffene zu entschädigen hätte, könnte leicht in Konkurs geraten, was für die Geschädigten und die übrigen Arbeiter nicht weniger nachteilig sein würde als für ihn. Da das Unglück des Einen in der Regel auch das Unglück des Andern ist, so würde eben die Folge der bis zum äußersten getriebenen Haftpflicht das Unglück Beider sein." Von einer obligatorischen Haftpflichtversicherung sah der Bundesrat ab, da die Prämie für Unternehmungen, „in denen der Fabrikationsgewinn äußerst gering ist ..., doch verhältnismäßig sehr hoch sein kann" (S. 571)[80]. Immerhin wollte er den Fabrikanten anregen, Versicherungen abzuschließen. Art. 9, der auf seine Veranlassung im Gesetz aufgenommen wurde, bestimmte nämlich, daß Leistungen von Unfallversicherern, Krankenkassen usw. an die Haftpflichtentschädigung anzurechnen seien, sofern der Fabrikant die Prämie mindestens zur Hälfte bezahlt habe.

b) Das Bundesgesetz über das Obligationenrecht vom 14. Juni 1881 hielt für vertragliche und außervertragliche Schädigungen am Prinzip der Verschuldenshaftung fest. Nur für bestimmte Tatbestände sah es eine Kausalhaftung vor. Somit hafteten Betriebe, die nicht dem Fabrikgesetz unterworfen waren, für Unfälle ihrer Arbeiter nur, wenn sie oder ihre Hilfspersonen ein Verschulden traf. Weite Kreise empfanden es als ungerechtfertigte Privilegierung, daß Fabrikarbeiter im Gegensatz zu andern Arbeitnehmern für Unfälle und berufliche Erkrankungen Haftpflichtansprüche auch dann besaßen, wenn ihrem Arbeitgeber kein Verschulden zur Last fiel. Der Nationalrat nahm daher am 25. März 1885 folgende *Motion Klein* an:

„Der Bundesrat wird eingeladen:
1. Die Gesetze über die Haftpflicht vom 1. Juli 1875 und vom 25. Juni 1881 im Sinne der Ausdehnung der Haftpflicht und zum Zwecke der Erleichterung der Geltendmachung der Entschädigungsansprüche einer Revision zu unterziehen;
2. die Frage zu untersuchen und darüber Bericht zu erstatten, ob nicht eine allgemeine, obligatorische Arbeiterunfallversicherung anzustreben sei."

Zu der in Ziffer 2 umschriebenen Frage war Klein durch das deutsche Gesetz über die Arbeiterunfallversicherung angeregt worden, welches auf Betreiben von Bismarck 1884 erlassen worden war (vgl. hinten Ziff. 5).

Schon mit seiner Botschaft vom 7. Juni 1886 kam der Bundesrat dem ihm erteilten Auftrag nach und legte den Entwurf zu einem Bundes-

---
[80] Die Botschaft vergleicht den Entwurf sowohl mit dem BG über die Haftpflicht der Eisenbahnen vom 1. Juli 1875 als auch mit ähnlichen ausländischen Gesetzen, besonders mit den deutschen und englischen.

gesetz betreffend die Ausdehnung der Haftpflicht vor[81]. Am 26. April 1887 verabschiedete die Bundesversammlung das „Bundesgesetz betreffend die Ausdehnung der Haftpflicht und die Ergänzung des Bundesgesetzes vom 25. Juni 1881". Da das Referendum nicht ergriffen wurde, konnte der Bundesrat es bereits auf den 1. November 1887 in Kraft setzen.

Das Gesetz nennt in Art. 1 jene Arten von Unternehmungen, auf welche die Haftpflichtbestimmungen des Fabrikhaftpflichtgesetzes anzuwenden sind. Es handelt sich nach Ziffer 2 um Betriebe verschiedenster Art — z. B. das Baugewerbe —, „wenn die betreffenden Arbeitgeber während der Betriebszeit durchschnittlich mehr als 5 Arbeiter beschäftigen".

Art. 6 verpflichtet sodann die Kantone, Bestimmungen zu erlassen, wonach bedürftigen Personen in Haftpflichtprozessen die unentgeltliche Rechtspflege einschließlich eines unentgeltlichen Rechtsbeistandes zu gewähren sei. Bemerkenswert sind sodann die Art. 8 und 9. Mit ihnen werden die Unternehmer verpflichtet, Unfälle den zuständigen kantonalen Behörden zu melden. Wenn die Aufsichtsinstanzen feststellen, daß der Verunfallte „die ihm zustehende billige Entschädigung auf außergerichtlichem Weg nicht erhalten hat, so haben sie sofort der Kantonsregierung Bericht zu erstatten. Diese wird eine Untersuchung anordnen und vom Resultat den Interessenten Mitteilung machen".

Die Botschaft gibt auf S. 697 f. und 703 eine eindrückliche Erklärung für diese Vorschriften: Es sei eine oft wiederkehrende Klage, daß das Gesetz vom 25. Juni 1881 „vielerorts gar keine oder nur mangelhafte Anwendung findet. ... Die Entschädigung aus Haftpflicht findet gar nicht oder nur in sehr geringer Weise statt, weil der Arbeiter sich mit der gebotenen Summe begnügt, aus Furcht, seine Stelle zu verlieren, aus Mangel an Mitteln, um auf dem Prozeßwege zu seinen Rechten zu gelangen, aus Unkenntnis, etc." Es liege wirklich viel Grund zu Klagen vor, so daß „Abhülfe dringend nötig ist". „Nur durch die vorgeschlagene, von Amtes wegen stattfindende Aufsicht kann eine Korrektur begangener Unbilligkeiten erreicht werden..." (S. 704)[82].

---

[81] BBl. 1886 II, S. 689 (Botschaft) und S. 705 (Entwurf); die Motion Klein ist auf S. 689 teilweise abgedruckt. Zur Frage einer obligatorischen Unfallversicherung führt sie u. a. noch folgendes aus: Sie sei einer bloßen Erweiterung der Haftpflicht vorzuziehen, „weil sie in extensiver wie intensiver Richtung der größten Ausdehnung fähig ist, indem einerseits der Widerstand der kleinen Unternehmer wegfällt, andererseits die Einrede der höheren Gewalt gestrichen, diejenige des Selbstverschuldens auf schwere Fälle beschränkt und die Versicherung auf alle Unfälle jeder Art erstreckt werden kann" (Zitat bei Landmann, Anm. 76, S. LVII, Anm. 2). Damit hat Klein mögliche Regelungen aufgezeigt, die später im KUVG verwirklicht worden sind.

[82] Der Bundesrat wischt in seiner Botschaft auf S. 704 auch den Versicherungsgesellschaften eins aus: Die Aufsichtsorgane hätten darüber zu wachen,

Die Botschaft führt auf S. 694 aus, daß die Frage der obligatorischen (Unfall-)Versicherung noch lange Vorarbeiten erfordere. Man müsse sich wohl hüten, folgenschwere und mit der Wohlfahrt des ganzen Landes verknüpfte Schritte „auf's Geratewohl zu tun". Hinzu komme, daß für die Einführung einer obligatorischen Versicherung eine Revision der Bundesverfassung unvermeidlich wäre. Auf S. 692 erwähnt die Botschaft, daß sich die Industrien im allgemeinen „in einer schwierigen Krisis befinden"; es müsse gegenwärtig unbedingt vermieden werden, „ihnen mehr aufzubürden, als sie nach dem bestehenden Haftpflichtgesetz zu tragen haben".

c) Das System der Kausalhaftpflicht für betriebliche Unfälle, wie es in den beiden Gesetzen von 1881 und 1887 festgelegt worden ist, galt bis Ende März 1918; denn am 1. April 1918 trat an seine Stelle die obligatorische Unfallversicherung gemäß KUVG, die noch darzulegen sein wird.

4. Die schweizerische Privatversicherung[83]

Die Versicherungsgesellschaften haben bei der Entstehung und Entwicklung der Sozialversicherung meistens eine nicht unbeträchtliche Rolle gespielt. Es scheint daher angezeigt, hier einige geschichtliche und andere Hinweise einzuflechten.

a) Da Obdachlosigkeit in unseren Breitengraden im Winter nicht weniger hart als Hungersnot war, entwickelte sich die Feuerversicherung früh. Die erste öffentliche Brandversicherungsanstalt in der Schweiz entstand 1805 im Kanton Aargau. Ihm folgten bald weitere Kantone. Es dürfte kein Zufall sein, daß auch die älteste noch existierende schweizerische private Versicherungsgesellschaft der Feuerbranche angehört (Mobiliarversicherung 1826).

b) Schon in der ersten Hälfte des letzten Jahrhunderts wurden in der Schweiz Lebensversicherungsgesellschaften gegründet, sie mußten aber meistens nach kurzer Zeit liquidiert werden. Erst die nach 1850 gegründeten Gesellschaften konnten sich halten[84].

---

daß entschädigungsberechtigte Arbeiter nicht von seiten der Betriebsunternehmer „oder der Versicherungsgesellschaften, was auch oft vorkommt, mit lächerlich geringen Summen abgefunden werden oder gar nichts erhalten".

[83] Werner Mahr, Einführung in die Versicherungswirtschaft, Berlin 1951; Alfred Manes, Allgemeine Versicherungslehre I, 5. Aufl., Leipzig und Berlin 1930; Maurer, Privatversicherungsrecht mit zahlreichen Literaturhinweisen; derselbe, Zusammenhänge mit der Entwicklung der Privatversicherung, S. 355, in: Bedingungen für die Entstehung und Entwicklung von Sozialversicherung, Band 3 der Schriftenreihe für Internationales und Vergleichendes Sozialrecht, Berlin 1979 (Herausgeber H. F. Zacher); diesem Aufsatz sind die hier folgenden Ausführungen teilweise entnommen.

[84] Patria, Panorama eines Jahrhunderts Lebensversicherung, 1878 - 1978, S. 9 ff., Basel 1978.

c) In den ersten Dezennien nach der Gründung des Bundesstaates entstanden zahlreiche Gesellschaften, die zu hoher Blüte kamen und heute noch existieren. Erwähnt seien im Sinne von Beispielen einige Gesellschaften mit den Gründungsjahren (Kurztitel): Rentenanstalt — die größte Lebensversicherungsgesellschaft — 1857; Helvetia-Feuer 1861; Schweizerische Rückversicherungs-Gesellschaft — heute die größte Rückversicherungsgesellschaft der westlichen Welt — 1863; Basler 1864; Schweiz und Neuenburger, beide 1869; Zürich — heute der größte Direktversicherer des Kontinents — 1872 ; Winterthur 1875; Pax (Leben) 1876; Patria (Leben) 1878; National 1883; Union Suisse 1887; Vaudoise 1895.

d) Nach amtlichen Erhebungen waren 1877/78 in der Schweiz 118 Versicherungsgesellschaften konzessioniert, davon 97 ausländische, vor allem deutsche, französische und englische[85]. Erstaunlich ist, daß rund hundert Jahre später, nämlich Ende 1975, nur noch 93 Gesellschaften konzessioniert waren.

e) Dieser geradezu fieberhafte Gründungsprozeß etwa ab Mitte des Jahrhunderts ist auf mehrere Ursachen zurückzuführen. Einmal sind mit der Industrialisierung neue Versicherungsbedürfnisse entstanden. Sodann brachte der Übergang vom Agrar- zum Industriestaat eine Ausdehnung der Geldwirtschaft, ohne welche die Privatversicherung kaum denkbar ist. Von größter Tragweite für die Ausbreitung der Versicherung war endlich, daß die Gesellschaften das von Amerika übernommene Agentensystem einführten. Der Versicherungsagent war gleichsam der neue Hausierer, der für die Versicherung von Haus zu Haus ging, um Abschlüsse zu tätigen. Sein Interesse wurde dadurch entscheidend geweckt, daß man ihm ab Beginn der siebziger Jahre erhebliche Abschlußkommissionen ausbezahlte. Die Agenten haben den Gedanken der Versicherung bei der Bevölkerung bewußt gemacht; auch bei den Politikern. Dadurch haben sie indirekt mitgeholfen, den Boden auch für die Einführung von Sozialversicherungen zu ebnen.

f) Das rasche Wachstum des Versicherungsgewerbes hat im letzten Jahrhundert auch seine Schattenseiten gehabt. Es standen nicht genügend kompetente Fachleute zur Verfügung, so daß diese oder jene Gesellschaft in Konkurs fiel oder jedenfalls aufgelöst werden mußte. Die Ausdehnung des Agentennetzes brachte es mit sich, daß man oft auch charakterlich ungeeignete Leute verwendete, die vor dem Abschluß des Vertrages allerlei versprachen, was dann im Versicherungsfall nicht gehalten wurde. In der Schweiz — wie auch in Deutschland und in anderen Ländern — war der Ruf der Privatassekuranz nicht

---

[85] BBl. 1885 I, S. 120; Maurer, Privatversicherungsrecht, S. 39, Anm. 30 (es sollte hier heißen: 1878).

immer und überall der beste[86]. Nicht zu übersehen ist, daß die finanzielle Basis — freie und ungebundene Reserven usw. — bei einem so schnellen Wachstum nicht durchwegs stark sein konnte.

g) Die Schweiz hat die privaten Versicherungsgesellschaften schon durch Bundesgesetz vom 25. Juni 1885 einer materiellen, wirksamen Aufsicht des Bundes unterstellt[87]. Dadurch wurde eine beachtliche Disziplinierung im Versicherungsgewerbe erreicht. Die Aufsichtsbehörden haben vor allem darüber zu wachen, daß die Gesellschaften solvent bleiben und überdies nicht ungerechtfertigt hohe Prämien verlangen. Dadurch schufen sie eine der wichtigsten Voraussetzungen, unter der sich die schweizerische Privatassekuranz zu einem der bedeutendsten „Versicherungsexportländer" der Welt entwickeln konnte. Der Versicherungsvertrag wurde durch das BG über den Versicherungsvertrag vom 2. April 1908 (VVG), das auch heute noch gilt, für die ganze Schweiz einheitlich geregelt.

h) Die Haftpflichtgesetze von 1881 und 1887 haben zahlreichen Versicherungsgesellschaften zu einem starken Aufschwung verholfen. Diese bildeten die Arbeiterversicherung zu einem besonderen Geschäftszweig aus. Sie entwickelten die Kollektivunfallversicherung, mit welcher die Arbeiter eines Betriebes gegen Unfall gedeckt waren, und verbanden sie mit der Haftpflichtversicherung. Entschädigungen aus der Unfallversicherung waren auf die Haftpflichtansprüche anzurechnen. Die Unfallversicherung erlaubte eine rasche Schadensregulierung, da die Leistungen „genormt" waren, weshalb über die Haftpflicht meistens gar nicht mehr diskutiert werden mußte. Die Versicherungsgesellschaften machten in der Schweiz aufgrund der Haftpflichtgesetze hinsichtlich der Arbeiterversicherung einen Lernprozeß durch, der es ihnen erlaubte, auch in zahlreichen anderen Staaten die Arbeiterversicherung zu betreiben[88], auch wenn dort die Gesetze teilweise anders ausgestaltet waren. Sie sind dadurch — aus geschäftlichem Antrieb — in eine Aufgabe hineingewachsen, die bereits einen deutlichen sozialpolitischen Kern enthielt.

i) Beim späteren Auf- und Ausbau der Sozialversicherung sah sich der Bund öfters mit der Frage konfrontiert, ob er private Versiche-

---

[86] Vgl. z. B. die vorne in Anm. 82 zitierte Bemerkung in einer bundesrätlichen Botschaft.

[87] Deutschland folgte erst anfangs dieses Jahrhunderts mit einem Versicherungsaufsichtsgesetz. Heute gilt in der Schweiz das BG betreffend die Aufsicht über die privaten Versicherungseinrichtungen (Versicherungsaufsichtsgesetz, VAG) vom 23. Juni 1978, welches das Gesetz von 1885 ablöste. Zur verfassungsmäßigen Grundlage vgl. vorne nach Anm. 32.

[88] Vgl. die bemerkenswerten Ausführungen dazu bei Andreas von Sprecher, 75 Jahre „Zürich", Aus der Werkstatt der „Zürich" 1872 - 1947, S. 25 ff.

rungsgesellschaften als Sozialversicherungsträger einsetzen solle oder könne. Diese Frage hat er z. B. bei der Einführung der obligatorischen Arbeitnehmerversicherung durch das KUVG verneint, indem er hier einer staatlichen Monopolanstalt den Vorzug gab. In den letzten Jahrzehnten wurden technische und rechtstechnische Lösungen erkannt, die allmählich eine andere Haltung erlaubten. So ist es heute unbestritten, daß einem Privatrechtssubjekt hoheitliche Gewalt ähnlich der öffentlichen Verwaltung selbst eingeräumt werden darf. Dies ist auch Versicherungsgesellschaften gegenüber möglich, weshalb sie aufgrund besonderer gesetzlicher Regelung als Träger öffentlich-rechtlicher Versicherungsverhältnisse herangezogen werden können[89]. Es ist rechtstechnisch ferner möglich, sie für die Durchführung obligatorischer Versicherungen zu verwenden. Freilich ist es dann — aus politischer Sicht — unerläßlich, ihre Gewinne und ebenso die Verwaltungskosten eng zu begrenzen. Überdies muß der Gesetzgeber Finanzierungssysteme festlegen und gewisse andere Maßnahmen ergreifen, die verhindern, daß Versicherte, Versicherungsnehmer usw. zu Schaden kommen, wenn sich eine Versicherungsgesellschaft auflöst, da bei ihr die Voraussetzungen der Perennität — anders als bei den vom Staate getragenen oder garantierten Versicherern — nicht erfüllt sind[90]. Letzlich wird es aber immer eine politische Frage sein, ob private Versicherungsgesellschaften zur Lösung sozialpolitischer Aufgaben heranzuziehen seien oder nicht.

5. Bismarcks Sozialversicherungsgesetzgebung[91]

Bismarck hat durch seine Sozialversicherungsgesetzgebung jene der Schweiz in mancher Hinsicht und nachhaltig beeinflußt. Sein Werk soll daher etwas eingehender dargestellt werden. Es ist tunlich, bereits hier auf Lösungen hinzuweisen, welche in ihm vorgezeichnet waren und dann — teilweise mit starker zeitlicher Verzögerung — in der Schweiz ebenfalls verwirklicht wurden[92].

---

[89] Maurer, Sozialversicherungsrecht § 10, II, 2.

[90] Mit diesen und ähnlichen Fragen hat sich der Bund zur Zeit zu befassen, da er entscheiden muß, ob er private Versicherungsgesellschaften als Versicherungsträger in der obligatorischen Arbeitnehmer-Unfallversicherung und ferner für die zweite Säule — Personalvorsorgeeinrichtungen — zulassen will. Näheres bei Maurer in dem unter Anm. 83 erwähnten Aufsatz.

[91] Vgl. Maurer, Sozialversicherungsrecht § 5, III — mit Literaturhinweisen —, welchem die hier folgenden Ausführungen weitgehend entnommen sind; derselbe einläßlich in dem in Anm. 83 genannten Aufsatz.

[92] Für verschiedene Elemente läßt es sich nicht oder doch nicht ohne unverhältnismäßigen Aufwand an Quellenstudium beurteilen, ob der Anstoß für ihre gesetzliche Verankerung von Deutschland kam oder ob später in der Schweiz „zufällig" die gleiche Lösung gefunden worden ist.

a) Nach dem Sieg der Deutschen über Frankreich im Kriege 1870/71 wurde das neue Deutsche Reich gegründet. Der am 18. Januar 1871 in Versailles zum Kaiser proklamierte Wilhelm I. ernannte Otto von Bismarck, den früheren preußischen Ministerpräsidenten, zum Kanzler.

Schon am 7. Juni 1871 erließ der Reichstag das Reichshaftpflichtgesetz, dem u. a. auch die Fabriken für betriebliche Unfälle der Arbeiter unterstellt waren. Allein es knüpfte die Haftpflicht an die Voraussetzung eines Verschuldens des Arbeitgebers oder seiner Repräsentanten; es führte also nicht die Kausalhaftung ein[93]. Die Rechtsstellung des Arbeiters wurde mit diesem Gesetz nicht wesentlich verbessert.

Die deutsche sozialdemokratische Partei schlug nach dem Tode von Lassalle (1864) unter der Führung von Bebel und Liebknecht eine marxistische Richtung ein. Bismarck erblickte daher in ihr eine Gefahr für das neue Kaiserreich, so daß er alle Vereine der Sozialisten und ihre Presse durch ein Ausnahmegesetz — das Sozialistengesetz — von 1878 verbot. Um die dadurch entstandenen politischen Erschütterungen durch eine schöpferische Tat aufzufangen, die „soziale Frage" wenigstens teilweise zu lösen und die Arbeiterschaft mit dem monarchischen Staat zu versöhnen, schuf er die Sozialversicherungsgesetze: 1883 das Gesetz betreffend die Krankenversicherung, dem 1884 jenes über die Unfallversicherung und 1889 das Gesetz betreffend die Invaliditäts- und Altersversicherung folgten. Sie beschränkten sich zur Hauptsache auf die Arbeiterschaft und führten erstmals das Obligatorium der Versicherung ein (Zwangsversicherung), die öffentlich-rechtlich ausgestaltet wurde. Eine Versicherung der Witwen und Waisen verstorbener Arbeiter konnte Bismarck, der 1890 durch den jungen Kaiser Wilhelm II. gestürzt wurde und von sämtlichen Ämtern zurücktrat, nicht mehr verwirklichen. Sie gelang erst 1911 im Rahmen der Reichsversicherungsordnung. Diese faßte die Sozialversicherungsgesetze in einem einzigen Gesetz zusammen (Kodifikation). Die Grundstrukturen, die Bismarck geschaffen hat, sind in der BRD bis auf den heutigen Tag erhalten geblieben[94].

Berühmt geworden ist die Kaiserliche Botschaft vom 17. November 1881 an den Reichstag. Man pflegt sie als Magna Charta der deutschen Sozialversicherung oder der Sozialversicherung schlechthin zu bezeichnen. Sie enthält Motive und Programme für den Erlaß der Sozialversicherungsgesetze. Daraus sei lediglich der erste Satz wiedergegeben: „Schon im Februar d. J. haben Wir unsere Überzeugung aussprechen lassen, daß die Heilung der sozialen Schäden nicht ausschließlich im Wege der Repression sozialdemokratischer Ausschreitungen, sondern

---

[93] Vgl. vorne Anm. 72 und Z. 3.
[94] Zur Entstehung der deutschen Sozialversicherungsgesetze einläßlich Vogel, Bismarcks Arbeiterversicherung.

gleichmäßig auf dem der positiven Förderung des Wohls der Arbeiter zu suchen sein werde[95]."

Mit seinen drei Gesetzen hat Bismarck weltweit als erster die Sozialversicherung in einem mehr oder weniger geschlossenen System sozialer Sicherung verwirklicht. Probleme, mit denen er sich auseinandersetzte, und Lösungen, die er gesetzlich verankerte, sind zum großen Teil auch heute noch aktuell. Einige von ihnen sollen daher, verbunden mit Hinweisen auf die Gegenwart, kurz dargelegt werden.

b) aa) Bismarck hat sich öfters zu der für ihn „grundsätzlichsten aller Einzelfragen" geäußert, ob die Versicherungsgesellschaften als Träger der neuen Sozialversicherung — namentlich der Unfallversicherung — in irgendeiner Form zuzulassen seien. Er hat diese Frage stets dezidiert, mit verschiedenen Begründungen, verneint. So glaubte er nicht, „daß die Versicherungsgesellschaften im Interesse der Arbeiter auf ihre Aktien und Dividenden zu verzichten bereit seien"; „nur keine Private (gemeint ist: Versicherungsgesellschaft) mit Dividende und Konkurs". Er wollte überhaupt die wichtigsten Zweige des Versicherungswesens „wegen ihrer Gemeinnützigkeit und des moralischen Interesses, das der Staat an der Verhinderung gewinnsüchtiger Ausbeutung habe, verstaatlichen"[96]. Auch lehnte er es ab, die Sozialversicherung auf der Grundlage der Freiwilligkeit aufzubauen, da kaum jemand behaupten könne, daß dadurch der gleiche Erfolg wie mit einer Zwangsversicherung zu erreichen sei. Er hat sich überdies auf die Versicherung der Arbeiterschaft beschränkt, aber schon früh eine Ausdehnung auf weitere Bevölkerungsschichten in Aussicht genommen, zumindest hinsichtlich der Alters- und Invalidenversicherung[97].

Die Schweiz hat die obligatorische Unfallversicherung gemäß KUVG weitgehend nach den erwähnten Prinzipien geregelt: öffentlich-rechtliches Versicherungsverhältnis; Beschränkung auf Arbeitnehmer; Obligatorium; staatlicher Träger; Ausschluß der privaten Versicherungsgesellschaften[98]. Mit der AHV/IV beschritt sie den gleichen Weg, mit

---

[95] Text z. B. bei Wannagat, Lehrbuch, S. 63. — Bismarck hat die Botschaft weitgehend selbst verfaßt; Vogel, Anm. 94, S. 134, Anm. 3. Die Sozialdemokraten standen der Sozialversicherungsgesetzgebung kritisch oder gar ablehnend gegenüber. So stimmten sie z. B. gegen das Krankenversicherungsgesetz. Sie befürworteten dagegen den Ausbau der Arbeiterschutzgesetzgebung; Vogel, S. 53 ff., 55 ff., 57.

[96] Vogel (Anm. 94), S. 152 f., 138 und 169. Man nannte Bismarck — trotz seiner konservativen Grundeinstellung — einen Staatssozialisten, der bis zur Sozialisierung der Produktionsmittel gehen wollte; Vogel, S. 119, 149, 154 und 173.

[97] Ebenda, S. 176; Wannagat, Anm. 95, S. 71 f.

[98] Erst mit der laufenden Totalrevision der Unfallversicherung sollen die privaten Versicherungsgesellschaften in gewissem Rahmen als Träger zugelassen werden; vgl. hinten nach Anm. 260.

der Abweichung, daß sie nicht nur die Arbeitnehmer, sondern das ganze Volk in die Versicherung einbezogen hat. Weitgehend auf der Linie von Bismarck bewegte sich die Lex Forrer hinsichtlich der Krankenversicherung. Da sie vom Volk verworfen wurde — vgl. hinten Z. III/1 —, verlief die spätere Entwicklung anders: kein Bundesobligatorium; Zulassung privater Krankenkassen, so daß das Versicherungsverhältnis ursprünglich dem Grundsatz nach privatrechtlich geregelt war[99], aber immerhin Ausschluß der privaten Versicherungsgesellschaften. In der Krankenversicherung wird aber weiterhin um das Obligatorium gerungen.

bb) Als Hauptquellen der Finanzierung hat Bismarck Beiträge der Arbeitgeber und der Arbeitnehmer sowie Staatszuschüsse gesetzlich festgelegt. Die Versicherung für Betriebsunfälle der Arbeitnehmer ließ er allein durch die Arbeitgeber finanzieren. Dieses Prinzip hat sich in der Schweiz und in den meisten übrigen westlichen Ländern durchgesetzt. In der Krankenversicherung verpflichtete Bismarck die Arbeitgeber, ein Drittel der Auslagen durch Beiträge zu tragen, zwei Drittel gingen zu Lasten der versicherten Arbeitnehmer. Nach KUVG 2 I lit. c) darf den Arbeitgebern in der Schweiz keine Beitragspflicht auferlegt werden. Diese Frage steht aber heute wieder zur Diskussion. In der Alters- und Invalidenversicherung schöpfte Bismarck alle drei Finanzierungsquellen aus. Er wollte ursprünglich das staatliche Tabakmonopol einführen und für die ganze Bevölkerung aus dessen Erträgnissen eine beitragsfreie Alterssicherung (Staatsbürgerversorgung) aufbauen, mußte dann aber von diesem Projekt absehen[100]. Die AHV/IV wird in der Schweiz ebenfalls aus allen drei Quellen finanziert. Gemäß AHVG 104 leistet dabei der Bund „seine Beiträge aus den Mitteln, die ihm aus der Belastung des Tabaks und der gebrannten Wasser zufließen". Er hat somit die Idee, den Tabak für die Finanzierung der AHV/IV einzusetzen, aufgenommen und verwirklicht.

cc) Bismarck hat in seinen Gesetzen bereits die Ordnung der lohnbezogenen Beiträge — Lohnprozente — verankert[101]. Diese Ordnung hat auch der schweizerische Gesetzgeber für verschiedene Zweige übernommen. In der Krankenversicherung ist sie in jüngster Zeit wiederum für einen Teilbereich vorgeschlagen worden[102].

---

[99] Durch die Revision des KUVG vom 13. März 1964 ist es dann ebenfalls dem öffentlichen Recht und der Verwaltungsgerichtsbarkeit unterstellt worden; die privaten Krankenkassen — Vereine, Genossenschaften, Stiftungen — erhielten hoheitliche Gewalt.

[100] Wannagat, Anm. 95, S. 71 und Vogel, Anm. 94, S. 176. — In der Schweiz gab es Bestrebungen, die Krankenpflegeversicherung für die ganze Bevölkerung unentgeltlich auszugestalten und sie durch die Einführung des Tabakmonopols zu finanzieren; vgl. hinten bei Anm. 117.

[101] Wannagat, Anm. 95, S. 65, 69, 73.

dd) Der deutsche Gesetzgeber hat sich nicht für eine Einheitsversicherung, sondern für eine Aufteilung der Sozialversicherung in verschiedene Zweige entschieden. Überdies sollte die Versicherung nicht von einem einzigen Träger — z. B. von einer Reichsversicherungsanstalt —, sondern von einer Vielzahl von Trägern betrieben werden[103]. Seine Prinzipien der mehrfachen Trägerschaft und der Dezentralisation — Ausgliederung aus der eigentlichen Staatsverwaltung — hat der schweizerische Gesetzgeber weitgehend übernommen, z. B. in der Krankenversicherung, der AHV/IV, und sie werden neuestens auch für die obligatorische Unfallversicherung vorgesehen. Bismarck hat den Versicherungsträgern in hohem Maße die Selbstverwaltung durch die beteiligten Kreise, vor allem durch Arbeitgeber und Arbeitnehmer in der Krankenversicherung, gewährt. Dies ist erstaunlich; denn dadurch hat er — Feind der politischen Demokratie[104] — ein starkes demokratisches Element, gleichsam ein Recht auf Mitbestimmung, in die Sozialversicherung eingebaut. Der schweizerische Gesetzgeber ist diesem Beispiel gefolgt, indem er verschiedenen Trägern — SUVA, Ausgleichskassen usw. — die Selbstverwaltung von vornherein eingeräumt oder sie ihnen, vor allem den Kranken- und Arbeitslosenkassen, doch belassen hat.

ee) Die Sicherung der Arbeiter für Arbeitsunfälle wollte Bismarck nicht durch eine Verschärfung der Haftpflicht der Arbeitgeber — Einführung der Kausalhaftung oder doch Verschuldenshaftung mit umgekehrter Beweislast, indem der Arbeitgeber sein Nichtverschulden zu beweisen gehabt hätte —, lösen. Er drängte von Anfang an auf Ersatz des Haftpflichtsystems durch die Schaffung einer Unfallversicherung, deren Träger auch für die Unfallverhütung zuständig sein sollte[105]. Der schweizerische Gesetzgeber hat jedoch zuerst die Fabrikhaftpflichtgesetze — mit Kausalhaftung des Unternehmers — erlassen und ist erst später zur Einführung der obligatorischen Unfallversicherung für Arbeitnehmer geschritten, welche auch für die Unfallverhütung zuständig ist. Er hat also einen Umweg eingeschlagen, um dann mit zeitlicher Verzögerung zur gleichen Lösung wie Bismarck zu kommen[106].

---

[102] Vgl. hinten nach Anm. 253.
[103] Wannagat, Anm. 95, S. 73. Neuestens schlagen Autoren wieder vor, in der BRD sollte die gesamte Sozialversicherung als Einheitsversicherung durchgeführt werden; vgl. dazu Maurer, SZS 1977, S. 86.
[104] Vogel, Anm. 94, S. 142 f. — Diese gegenpolige Politik kommt auch dadurch zum Ausdruck, daß der patriarchalisch eingestellte Guts- und Fabrikbesitzer Bismarck einerseits die Sozialisten bekämpfte und andererseits mit der öffentlichen Sozialversicherung ein Stück Staatssozialismus verwirklichte. Er war in erster Linie Realpolitiker und nicht politischer Doktrinär.
[105] Ebenda, S. 33, 96. Die deutschen Sozialdemokraten traten demgegenüber längere Zeit für die haftpflichtrechtliche Lösung ein; ebenda, S. 51 ff., 54 ff.
[106] Vgl. hinten Z. III, 2.

6. Die erste Bundeskompetenz
zur Gesetzgebung über die Sozialversicherung[107]

a) Der Bundesrat nahm die Aufgabe, die ihm aus der Motion Klein[108] erwachsen war, rasch in die Hand. Er weitete sie dahin aus, daß er nicht nur die Unfall-, sondern ebenso die Krankenversicherung in seine Prüfung einbezog. Auf seine Veranlassung erstattete der Mathematiker Prof. Kinkelin in Basel am 25. Oktober 1889 ein Gutachten zu beiden Gebieten und Nationalrat Forrer in Winterthur eine mehr als 100 Seiten lange juristische „Denkschrift über die Einführung einer schweizerischen Unfallversicherung" vom 15. November 1889[109]. Forrer schilderte das geltende Haftpflichtsystem und die Haftpflichtpraxis, die er als Anwalt in einer größeren Anzahl von Streitfällen kennengelernt hatte (S. 856). Er übte scharfe Kritik, die sich etwa wie folgt zusammenfassen läßt: Die Kausalhaftung war unvollkommen, da der Betriebsinhaber ein Selbstverschulden des Arbeiters einwenden konnte, was eine Reduktion oder gänzliche Ablehnung seiner Ansprüche ermöglichte. Wenn der Betriebsinhaber keine Versicherung abgeschlossen hatte und zahlungsunfähig war, ging der Verunfallte leer aus, da ja keine Versicherungspflicht bestand. Prozesse mußte der Geschädigte gegen seinen Arbeitgeber führen. Forrer stellt daher fest, „daß das gegenwärtige Haftpflichtsystem Arbeiter und Arbeitgeber gegeneinander aufhetzt" (S. 878). Er verwendete bereits den Slogan, der dann in der Volksabstimmung eine wesentliche Rolle gespielt hat: „Versicherung heißt die neue Parole. Haftpflicht bedeutet den Streit, Versicherung den Frieden" (S. 901). Offenbar inspiriert von Bismarck, spricht er den privaten Versicherungsgesellschaften die Eignung ab, die Arbeiterversicherung zu betreiben (S. 889 f.). In einem besonderen Teil legt er die Grundzüge einer staatlichen schweizerischen Unfallversicherung dar. Dabei gibt er sein früheres Votum wieder: „Das Richtige sei, das deutsche System in seinen Grundzügen zu adoptieren und unseren republikanisch-demokratischen Prinzipien gemäß umzugestalten" (S. 859 unten).

b) Mit seiner Botschaft vom 28. November 1889 „betreffend Einführung des Gesetzgebungsrechts über Unfall- und Krankenversicherung" legte der Bundesrat der Bundesversammlung den Entwurf zu einem neuen Art. 34 bis vor, durch welchen die Bundesverfassung zu ergänzen sei[110]. Er wirft die Frage auf, ob man die Kompetenz des Bundes nicht

---
[107] Denkschrift, S. 13; Furrer, Entstehung und Entwicklung, S. 58; Oertli, Unfallversicherung, S. 463.
[108] Vgl. vorne Anm. 81.
[109] Die beiden Dokumente sind abgedruckt in BBl. 1889 IV, S. 843 und 855.
[110] BBl. 1889 IV, S. 825 (Botschaft) und S. 842 (Entwurf).

auf die Kranken- und Unfallversicherung beschränken, sondern sie auf weitere Zweige, etwa nach deutscher Regelung auf die Invaliditäts- und Altersversicherung ausdehnen solle. Er verneint aber diese Frage, da man zuerst einmal Erfahrungen mit der Kranken- und Unfallversicherung sammeln müsse. Erst nach einem längeren Zeitraum werde man daran denken können, weitere Zweige zu prüfen und die Verfassung durch einen neuen Kompetenzartikel zu ergänzen[111]. Der Bundesrat empfiehlt dringend, den Ausdruck „Arbeiterversicherung" fallenzulassen und ihn durch den allgemeineren Ausdruck „Unfall- und Krankenversicherung" zu ersetzen (S. 840 f.). Er zitiert wörtlich Stellen aus der „Begründung" der deutschen Gesetzesvorlage betreffend die Unfallversicherung und ebenso aus den „erläuternden Bemerkungen" zum entsprechenden österreichischen Gesetzesentwurf (S. 831 f.). Überdies fügt er seiner Botschaft als Beilage III die Texte der deutschen und österreichischen „Gesetze der Arbeiterversicherung" an (S. 961 - 1014). Dieses eher ungewöhnliche Vorgehen erklärt sich teilweise dadurch, daß in jener Zeit viele Deutschschweizer große Sympathien für die benachbarten Kaiserreiche empfanden. Die Unabhängigkeit des Geistes mag gelegentlich darunter gelitten haben. Die Botschaft verwendet bereits den Ausdruck der „allgemeinen sozialen Versicherung" (S. 838), der sich später in Sozialversicherung verwandelte[112].

c) Die Bundesversammlung änderte den bundesrätlichen Entwurf in wesentlichen Punkten ab. Einmal wurde der Bund nicht nur als „befugt zur Gesetzgebung" erklärt, sondern er erhielt einen eigentlichen Gesetzgebungsauftrag[113]. Sodann strich sie den zu engen Passus, daß der Bund befugt sei, „für sämtliche Lohnarbeiter den Beitritt zu einem Krankenkassenverband verbindlich zu erklären" und sah die Befugnis zur Einführung eines umfassenden Obligatoriums vor. Den Text von Art. 34 bis BV legte sie wie folgt fest:

„Der Bund wird auf dem Wege der Gesetzgebung die Kranken- und Unfallversicherung einrichten, unter Berücksichtigung der bestehenden Krankenkassen. Er kann den Beitritt allgemein oder für einzelne Bevölkerungskreise obligatorisch erklären."

---

[111] Auch heute wird die Frage wieder diskutiert, ob dem Bund die Kompetenz zur Gesetzgebung über die Sozialversicherung und sozialen Grundrechte durch eine Generalklausel oder nur für bestimmte einzelne Zweige oder Grundrechte, d. h. nach der Enumerationsmethode, gewährt werden solle; vgl. Maurer, Sozialversicherungsrecht, Anm. 40. — Der Bundesrat behielt mit seiner Prognose recht: Es dauerte noch lange Zeit, nämlich rund 35 Jahre, bis der Bund den verfassungsmäßigen Auftrag bekam, die Alters- und Invalidenversicherung einzuführen.
[112] Vgl. hinten bei Anm. 134.
[113] Vgl. zur Unterscheidung von Kompetenz und Auftrag zur Gesetzgebung Maurer, Sozialversicherungsrecht bei Anm. 238 a.

Der neue Artikel wurde in der Volksabstimmung vom 26. Oktober 1890 mit großem Mehr, nämlich mit 283.228 Ja gegen 92.200 Nein und von 18 ganzen und 5 halben Kantonen angenommen[114].

Damit hat der Bund erstmals Kompetenz und Auftrag zum Erlaß von Sozialversicherungsgesetzen erhalten. Art. 34 bis BV gilt auch heute noch unverändert[115].

III. Die Zeit von 1891 - 1918

1. Die Lex Forrer[116]

a) Der Bundesrat nahm sofort nach der Volksabstimmung die Vorbereitungen für die neuen Gesetze auf. Er ließ 1891 eine Abordnung nach Deutschland und Österreich reisen, um dort die Kranken- und die Unfallversicherung zu studieren. Nationalrat Forrer beauftragte er, die Gesetzesvorlage auszuarbeiten. Forrer mußte dann freilich seine Arbeiten unterbrechen, da der Arbeiterbund unter der Leitung seines Sekretärs Hermann Greulich eine Verfassungsinitiative in die Wege leitete. Mit ihr sollte eine Bestimmung in der Bundesverfassung aufgenommen werden, wonach die ganze Bevölkerung Anspruch auf unentgeltliche Krankenpflege habe[117]. Die Finanzierung hätte durch die Einführung des staatlichen Tabakmonopols zu erfolgen. Allein das Volksbegehren erreichte die vorgeschriebene Unterschriftenzahl nicht. Forrer konnte 1893 seinen ersten Entwurf vorlegen. Eine Expertenkommission überarbeitete ihn. Der Bundesrat unterbreitete der Bundesversammlung mit seiner Botschaft vom 21. Januar 1896 die Entwürfe zu je einem Bundesgesetz über die Kranken- und die Unfallversicherung[118]. Die Bundesversammlung gestaltete die Entwürfe inhaltlich und formal ziemlich stark um. Sie faßte sie in einem einzigen Gesetz zusammen, dem sie überdies in einem dritten Titel die Militärversicherung anfügte. Die Vorlage, die insgesamt 400 Artikel zählte, verabschiedete sie am 5. Oktober 1899[119].

---

[114] BBl. 1896 I, S. 190; Furrer, Anm. 107, S. 59, Anm. 27.

[115] Ein Volksbegehren und ein Gegenvorschlag der Bundesversammlung auf Ersetzung des bisherigen durch einen neuen Art. 34bis wurden in der Volksabstimmung vom 8. Dezember 1974 verworfen; vgl. hinten vor Anm. 253.

[116] Denkschrift, S. 14; Furrer, Anm. 107, S. 59; Maurer, Recht und Praxis, S. 3.

[117] Damit wurde bereits die Idee vorweggenommen, die später im englischen Beveridgplan eine zentrale Rolle gespielt hat; vgl. Maurer, Sozialversicherungsrecht, Anm. 57.

[118] BBl. 1896 I, S. 189 ff. (Botschaft mit entstehungsgeschichtlichen Angaben) und S. 465 (Gesetzesentwürfe) sowie 1906 VI, S. 229 („Historischer Überblick").

[119] BBl. 1899 IV, S. 853.

Allein eine kleine Gruppe von Journalisten in Bern und ein Ostschweizer Textilindustrieller ergriffen das Referendum. Obschon sich alle Parteien für die Annahme der Vorlage einsetzten, wurde sie in der Volksabstimmung vom 20. Mai 1900 mit großer Mehrheit verworfen: 341.914 Nein standen bloß 148.035 Ja gegenüber. Der Gesetzesredaktor Forrer war tief enttäuscht, legte sein Mandat als Nationalrat nieder und gab seine Advokatur auf, um sich einer anderen Tätigkeit zuzuwenden. Schon zwei Jahre später wurde er dann freilich in den Bundesrat gewählt, so daß er auch an der neuen Vorlage über die Kranken- und Unfallversicherung mitarbeiten konnte[120].

b) Die vom Volk verworfene Lex Forrer hatte ein Obligatorium sowohl für die Kranken- als auch für die Unfallversicherung vorgesehen. Ihm wären alle unselbständigerwerbenden Personen vom 14. Lebensjahr an unterstanden, sofern ihr Jahreslohn 5.000 Fr. nicht überstiegen hätte. Gegen das Obligatorium in der Krankenversicherung, das teilweise durch öffentliche, von den Kantonen zu errichtende Krankenkassen durchzuführen gewesen wäre, hatte sich die stärkste Opposition gebildet. Besonders die bestehenden Krankenkassen fürchteten um ihre künftige Entwicklung. Die Vorlage bedeute den „Anfang des Staatssozialismus" und sie sei zu „zentralistisch". Dies waren die Hauptargumente[121]. Kaum angefochten war die Errichtung einer staatlichen Unfallversicherungsanstalt und die Militärversicherung.

c) Da, wie gerade erwähnt, der Titel betreffend die Militärversicherung praktisch unbestritten geblieben war, machte die Bundesversammlung aus ihm ein selbständiges Gesetz und verabschiedete es bereits am 28. Juni 1901[122], so daß es am 1. Januar 1902 in Kraft treten konnte.

Hier sollen einige Angaben zur bisherigen und späteren Entwicklung der Militärversicherung eingeschoben werden.

Schon ein Bundesgesetz vom 7. August 1852 verpflichtete den Bund, den im Militärdienst verunglückten Personen oder ihren Angehörigen gewisse Leistungen zu gewähren. An seine Stelle trat, nachdem die neue Bundesverfassung angenommen worden war, das Bundesgesetz vom 13. November 1874 über Militärpensionen und Entschädigungen. Es stellte Krankheiten den Unfällen gleich. Da man allgemein die Leistungen als ungenügend empfand, schloß der Bund 1887 mit der „Zürich" Versicherungs-Gesellschaft eine private „Collectiv-Militär-Unfallversicherung" ab. Wehrmänner konnten sich bei ihr gegen Entrich-

---

[120] Denkschrift, S. 14.
[121] Furrer, Anm. 52, S. 61.
[122] BBl. 1900 III, S. 367, AS (n. F.) 18, S. 803, 849 und 940 sowie Bassegoda, Militärversicherung, S. 11.

tung einer Prämie freiwillig versichern lassen. Die Bundesversammlung ermächtigte dann am 24. Januar 1893 den Bundesrat, die Prämien der „Zürich" für sämtliche Wehrmänner zu Lasten der Bundeskasse zu nehmen, was er durch Bundesratsbeschluß vom 15. Januar 1895 auch tat. Mit Botschaft vom 28. Juni 1898 legte der Bundesrat dann der Bundesversammlung den Entwurf zu einem neuen Militärversicherungsgesetz vor, der von ihr in die Lex Forrer eingebaut wurde[123] und — wie bereits erwähnt — schließlich aus dieser als separates Bundesgesetz vom 28. Juni 1901 hervorgegangen ist. Es vermochte aber aus verschiedenen Gründen, z. B. wegen ungenügender Leistungen, nicht zu befriedigen. Deshalb beschloß die Bundesversammlung im ersten Kriegsjahr das neue Bundesgesetz über die Militärversicherung vom 23. Dezember 1914. Der Bundesrat hat jedoch dieses Gesetz nie als Ganzes, sondern nur einzelne seiner Artikel in Kraft gesetzt, nämlich im Hinblick auf den Aktivdienst der Armee während des Ersten Weltkrieges. Das Nebeneinander von zwei Gesetzen, die in verschiedenen Punkten ergänzt wurden und zu denen noch einige Verordnungen kamen, komplizierten das Militärversicherungsrecht äußerst, so daß es gelegentlich als „Geheimwissenschaft" bezeichnet wurde[124].

Das Bundesgesetz über die Militärversicherung vom 28. Juni 1901 ist das erste Gesetz, mit welchem der Bund ein Gebiet regelte, das nach *heutiger* Anschauung zur Bundessozialversicherung gehört. Diese letztere Bezeichnung verwendete man damals freilich noch nicht[125].

2. Das Bundesgesetz über die Kranken- und Unfallversicherung vom 13. Juni 1911 (KUVG)

a) Nachdem das Volk die Lex Forrer so wuchtig verworfen hatte, bestand eine gewisse Ratlosigkeit über das weitere Vorgehen. Der Schweizerische Juristenverein nahm an seiner Jahresversammlung vom 23./24. September 1901 eine Resolution an, mit welcher er den Ausbau

---

[123] Weiteres zur Geschichte der Militärversicherung bei Bassegoda, Militärversicherung, S. 7 ff.; Piccard, SZS 1965, S. 233 ff.; die in Anm. 88 erwähnte Schrift 75 Jahre „Zürich", S. 39, hält folgendes fest: „Wenn auch die äußere Staffage kriegerisch anmutet, so waren es doch recht idyllische Zustände der guten alten Zeit, in die uns die ehemalige Unfallversicherung für die Schweizerische Armee hineinversetzt. Auf Grund einer Vereinbarung mit dem Eidg. Militärdepartement traten alle Wehrmänner, vom Herrn Oberst mit dem Hahnenfederbusch auf dem Kopf bis zum letzten Trainsoldaten in der Lederhose, wenn sie zum Dienst einrückten, unter den Versicherungsschutz der „Zürich". Wer nicht versichert sein wollte, mußte dies beim ersten Appell melden." — Dieser private Versicherungsvertrag soll übrigens der Institution den Namen „Militärversicherung" gegeben haben, der in allen späteren Gesetzen verwendet wurde; vgl. Schatz, Kommentar, S. 19.
[124] Maurer, Sozialversicherungsrecht, Anm. 162.
[125] Vgl. vorne bei den Anm. 8, 23 und 112 sowie hinten bei Anm. 134.

der Haftpflichtgesetzgebung empfahl. Ihr seien weitere Betriebe zu unterstellen, überdies müßten die Entschädigungen verbessert und die Arbeitgeber verpflichtet werden, eine Haftpflichtversicherung abzuschließen. Der schweizerische Arbeiterbund reichte eine Petition ähnlichen Inhalts ein. Der Bundesrat erhielt aber auch zahlreiche Eingaben von Einzelpersonen und Personengruppen, mit denen er eingeladen wurde, eine neue Vorlage über die Kranken- und Unfallversicherung auszuarbeiten. Für diesen Weg entschloß er sich denn auch. Er beauftragte einen Juristen, Dr. E. Cérésole, mit der Ausarbeitung eines Gesetzentwurfs. Dieser solle für die Krankenversicherung lediglich ein Förderungs- oder Subventionierungsgesetz vorsehen, mit welchem kein Bundesobligatorium verbunden sei. Krankenkassen könnten nur Subventionen bekommen, wenn sie bestimmte Mindestanforderungen erfüllten, z. B. vorgeschriebene Mindestleistungen erbrachten[126]. Gestützt auf zwei Gesetzesentwürfe von 1904 und 1905 — je einen für die Kranken- und für die Unfallversicherung —, faßte der Bundesrat am 10. Dezember 1906 Beschluß über die Botschaft zum Entwurf für ein Bundesgesetz betreffend die Kranken- und Unfallversicherung[127]. Die Botschaft führt auf S. 247 aus, daß der neue Entwurf auf dem doppelten Prinzip des Kompromisses und des etappenweisen Vorgehens beruhe. Hinsichtlich der Krankenversicherung entfernte er sich vom deutschen Vorbild, da er die Idee der Klassenversicherung — begrenzt auf die Arbeiterschaft — aufgab: Jeder Schweizer sollte grundsätzlich einer Krankenkasse beitreten dürfen. Eine vollständige und endgültige Lösung für die Krankenversicherung könne im ersten Anlauf nicht erwartet werden, „um so weniger, als die unserem Lande ganz eigenen Verhältnisse, seine gegenwärtige Gesetzgebung, seine Institutionen, das Temperament unseres Volkes und seine Bedürfnisse — eine einfache Verpflanzung von anderswo Angenommenem verunmöglichen und im Gegenteil in fast allen Punkten eine selbständige Lösung verlangen". Freilich entschloß sich der Bundesrat trotzdem, die Unfallversicherung weitgehend nach dem deutschen Vorbild zu gestalten und für die Arbeitnehmerschaft der bereits der Haftpflichtgesetzgebung unterstellten und weiterer Betriebe eine obligatorische, staatliche Unfallversicherung einzuführen. Er schlug vor, daß diese nicht nur berufliche, sondern auch außerberufliche Unfälle der Versicherten zu decken habe. Damit wich er von allen bekannten ausländischen Gesetzgebungen ab, da sie nur

---

[126] Das bundesrätliche Konzept, für die Krankenversicherung lediglich ein Förderungsgesetz zu erlassen, war eine glückliche Lösung, da sie der Krankenversicherung zu einer kaum je geahnten Entwicklung verhalf und zwar ohne Bundesobligatorium und ohne vom Bunde vorgeschriebene staatliche Kassen. Vgl. die Angaben vorne bei Anm. 10.

[127] BBl. 1906 VI, S. 229 (Botschaft) und S. 405 (Entwurf) mit einer Zusammenfassung der Lex Forrer (S. 233) und den Geschehnissen seit der Volksabstimmung (S. 237).

die Arbeitsunfälle in die Arbeiterunfallversicherung einbezogen. Mit der Einführung der Unfallversicherung waren die Haftpflichtgesetze aufzuheben. Der Betriebsinhaber sollte für Arbeitsunfälle nicht mehr der Kausalhaftung, sondern nur mehr einer stark gemilderten Verschuldenshaftung unterliegen[128].

b) Die Bundesversammlung unterzog den Entwurf in verschiedenen Punkten Änderungen. Namentlich wollte sie die Selbstverwaltung und Autonomie der neu zu errichtenden Unfallversicherungsanstalt verstärken. Sowohl die Arbeitgeber als auch die Arbeitnehmer sollten im Verwaltungsrat vertreten sein. Sie schied auch die Betriebs- und Nichtbetriebsunfallversicherung klarer voneinander; die Arbeitgeber hatten die erstere ganz zu finanzieren, während die Prämien für letztere zu Lasten der Versicherten gingen, wobei der Bund freilich noch Zuschüsse zu leisten hatte[129]. Die Vorlage nahm sie am 13. Juni 1911 an. Da gegen sie wiederum das Referendum ergriffen wurde, fand am 4. Februar 1912 die Abstimmung statt. Das Volk stimmte der Vorlage mit einer nur geringen Mehrheit von rund 46.000 Stimmen zu, nämlich mit 287.565 Ja gegen 241.426 Nein. Das KUVG mit rund 131 Artikeln trennt die Kranken- und die Unfallversicherung beinahe vollständig. Es gilt grundsätzlich auch heute noch, obwohl es seither einige kleinere und größere Änderungen erfahren hat[130].

c) Der Bund mußte nun sofort ein Amt schaffen, welches die im KUVG vorgeschriebenen Aufgaben — Aufsicht, Festsetzung von Subventionen usw. — wahrnehmen konnte. Er errichtete 1912 das Bundesamt für Sozialversicherung, das für die spätere Entwicklung verschiedener Zweige der Sozialversicherung von größter Bedeutung war[131].

d) Den Titel über die Krankenversicherung konnte der Bund schon auf den 1. Januar 1914 in Kraft setzen, da die Krankenkassen längst vorhanden waren. Für die Einführung der obligatorischen Unfallversicherung dagegen waren aufwendige Vorbereitungsarbeiten erforderlich, denn ein Versicherungsträger mußte erst errichtet werden. Dieser,

---

[128] Vgl. weitere Einzelheiten z. B. bei Furrer, Anm. 52, S. 61 ff.; Denkschrift, S. 17 und Maurer, Recht und Praxis, S. 3 f.
[129] Diese Zuschüsse wurden durch BG vom 5. Oktober 1967 aufgehoben; AS 1968, S. 64.
[130] Vgl. die Grundzüge des KUVG vorne bei Anm. 10 und 11. — Die zur Zeit laufende Totalrevision der Unfallversicherung sieht vor, daß die beiden Zweige wiederum in je einem besonderen Gesetze zu regeln seien, wie der Bundesrat es übrigens mit seiner Botschaft zur Lex Forrer vorgeschlagen hatte; vgl. vorne bei Anm. 118.
[131] Das Bundesamt für Sozialversicherung ist seit 1. Januar 1955 eine Verwaltungsabteilung des Eidg. Departementes des Innern, während es vorher dem Eidg. Volkswirtschaftsdepartement unterstellt war; SJK, Ersatzkarte Nr. 1313, Krankenversicherung I, S. 7.

nämlich die SUVA, nahm den Versicherungsbetrieb am 1. April 1918 auf. Zum gleichen Zeitpunkt trat auch das Eidg. Versicherungsgericht in Funktion, das zur letztinstanzlichen Beurteilung von Streitigkeiten aus der obligatorischen Unfallversicherung — nicht aber aus der Krankenversicherung — geschaffen worden war.

e) Dem Gesetzgeber war anscheinend entgangen, daß ungezählte Betriebe, die nunmehr unter die obligatorische Unfallversicherung fielen, durch Unfall- und Haftpflichtversicherungsverträge mit Versicherungsgesellschaften gebunden waren. Wohl in erster Linie aus diesem Grunde erließ er das sog. Ergänzungsgesetz zum KUVG vom 18. Juni 1915. Mit ihm stellte er den Grundsatz auf, daß die erwähnten Verträge dahinfallen, sobald ein Betrieb der Unfallversicherung unterstellt werde, und zwar ohne daß der eine oder andere Teil Entschädigungen zu leisten habe (Art. 1 I und Art. 2 II). Das Ergänzungsgesetz regelt überdies verschiedene andere Fragen, die hier nicht zu behandeln sind[132].

f) Wegen der Einführung der staatlichen Unfallversicherung verloren mehrere private Versicherungsgesellschaften einen namhaften Teil ihres Portefeuilles[133]. Allein sie überstanden diese Amputation. Zudem konnten sie sich damit trösten, daß sie durch die Arbeiterversicherung ein know how erlangt hatten, welches ihnen das geschäftliche Fortkommen im In- und Ausland wesentlich erleichterte.

g) Nachdem das KUVG in Kraft gesetzt war, begann sich — wie in Deutschland — auch in der Schweiz die Bezeichnung Sozialversicherung einzubürgern. Der Bundesrat verwendete sie bereits in seiner Botschaft vom 21. Juni 1919 betreffend die Aufnahme eines Art. 34quater BV (AHV/IV-Gesetzgebungskompetenz), und zwar mehrmals[134].

3. Weitere bedeutsame Gesetze jener Epoche

a) Die zwei ersten Jahrzehnte dieses Jahrhunderts waren nicht nur für die Entstehung der Sozialversicherung von großer Tragweite. Am 10. Dezember 1907 nahmen die eidgenössischen Räte einstimmig auch das Zivilgesetzbuch und am 30. März 1911, ebenfalls einstimmig, das Obligationenrecht an, das mehrere Titel, so auch das Dienstvertragsrecht[135], des Obligationenrechts von 1881 ersetzte. Das Referendum

---

[132] Maurer, Recht und Praxis, S. 48.
[133] Vgl. die in Anm. 88 erwähnte Schrift 75 Jahre „Zürich", S. 30.
[134] BBl. 1919 IV, S. 1 ff. Vgl. vorne bei Anm. 125 und 112. Fleiner, Bundesstaatsrecht, S. 533 hat die Bezeichnung Sozialversicherung ebenfalls schon verwendet; vgl. auch Hug, SZS 1963, S. 103.
[135] Vgl. Näheres zur Entwicklung des Arbeitsrechts bei Hug, SZS 1979, S. 170 f. — Das Dienstvertragsrecht ist durch BG vom 25. Juni 1971 neu geordnet worden. Seit 1. Januar 1972 gilt der zehnte Titel des OR, der in den Art. 319 - 362 den *Arbeitsvertrag* regelt.

wurde nicht ergriffen. Beide Gesetze traten am 1. Januar 1912 in Kraft. Damit hatte der Bund das Privatrecht kodifiziert; die kantonalen Gesetze über das Privatrecht fielen zur Hauptsache dahin.

Die Kodifikation des Privatrechts zeichnet sich durch Einheitlichkeit und Geschlossenheit aus. Allein, sie konnte an eine jahrtausendalte Rechtstradition anknüpfen. Demgegenüber entstand mit dem Sozialversicherungsrecht ein völlig neues Recht, das der Gesetzgeber nur langsam, tastend und pragmatisch aufzubauen vermochte. Dem Sozialversicherungsrecht fehlt daher die Einheitlichkeit und Geschlossenheit des Privatrechts. Es dürfte wohl noch weitere Dezennien dauern, bis dem Gesetzgeber eine Kodifikation gelingt, die jener des Privatrechts einigermaßen vergleichbar ist[136].

b) Das Fabrikgesetz von 1877 ist durch das BG vom 18. Juni 1914 betreffend die Arbeit in den Fabriken abgelöst worden. Dieses Gesetz verstärkte den Gesundheitsschutz, brachte eine Neuordnung der Arbeits- und Ruhezeit und erweiterte den Schutz der Frauen und Jugendlichen. Der Bund hat die Arbeitsschutzgesetzgebung schrittweise weiter ausgebaut, nachdem seine Zuständigkeit durch die Partialrevisionen der Bundesverfassung von 1908 und 1947 genügend ausgedehnt worden ist. Heute gilt das Bundesgesetz vom 13. März 1964 über die Arbeit in Industrie, Gewerbe und Handel (Arbeitsgesetz), um welches die Beteiligten jahrzehntelang gerungen haben[137].

B. Die Zeit zwischen den beiden Weltkriegen (1919 - 1939)

I. Allgemeines

1. Der Erste Weltkrieg

Der Erste Weltkrieg, der durch die Ermordung des österreichischen Thronfolgers in Sarajewo am 28. Juni 1914 ausgelöst worden war, endete am 11. November 1918 mit der Annahme der Waffenstillstandsbedingungen durch die Deutschen. Die Monarchien in Deutschland und Österreich stürzten ein und wurden durch republikanische Staatsverfassungen abgelöst. Die November-Revolution in Deutschland markierte den Übergang vom Krieg zum Frieden. Schon ein Jahr zuvor, am 7. November 1917, hatten die Kommunisten die russische Revolution eingeleitet, die sie an die Macht brachte. Ihr Führer Lenin war während des Krieges als Emigrant in der Schweiz gewesen. Er hatte sie bereits

---

[136] Die BRD hat sich mit dem Sozialgesetzbuch langfristig ein solches Ziel gesetzt. Zur Frage, ob sie es je erreichen wird, läßt sich heute keine Prognose stellen. Vgl. auch Zacher, SZS 1979, S. 255.
[137] Weiteres bei Hug, Kommentar, S. 11 ff. und SZS 1979, S. 168 f.

am 9. April 1917 verlassen, um auf abenteuerliche Weise nach Rußland zurückzukehren und dort die Revolution vorzubereiten[138].

2. *Auswirkungen auf die Schweiz*

Die Schweiz war vom Krieg verschont geblieben. Der Grundsatz der bewaffneten Neutralität hatte sich einmal mehr bewährt. Trotzdem erlebte unser Land im November 1918 die schwersten politischen und sozialen Erschütterungen seit der Gründung des Bundesstaates im Jahre 1848. Die Teuerung, die bei den Arbeitnehmern nur langsam oder gar nicht durch Lohnerhöhungen ausgeglichen wurde[139], die knappe und teilweise ungerechte Verteilung der Lebensmittel sowie Arbeitslosigkeit erzeugten soziale Spannungen. Eine schwere Grippeepidemie verursachte zusätzliche Not. Die russische Revolution löste auch bei uns revolutionäre Strömungen aus. In dieser Lage riefen die Sozialdemokratische Partei, der Schweizerische Gewerkschaftsbund und die Sozialdemokratische Nationalratsfraktion am 11. November 1918 zusammen mit dem Oltener Aktionskomitee, das unter der Leitung von Robert Grimm stand, zu einem Generalstreik auf. Dieser sollte solange fortgesetzt werden, bis die Bundesbehörden ein aus neun Punkten bestehendes Minimalprogramm, d. h. ein Ultimatum, angenommen hätten[140]. Bundesrat und Bundesversammlung lehnten dieses Ultimatum ab und beschlossen den Einsatz von Truppen zur Aufrechterhaltung von Ruhe und Ordnung. Am 13. November 1918 stellte der Bundesrat seinerseits dem Oltener Komitee ein Ultimatum, dem Streik „mit heute ein Ende zu machen". Der Streik wurde innerhalb einer etwas verlängerten Frist abgebrochen und damit ein eigentlicher Bürgerkrieg vermieden. Die Kraftprobe war zugunsten der Bundesbehörden und damit des Bürger- und Bauerntums entschieden[141]. Das Oltener Komitee zerfiel allmählich[142].

3. *Folgen des Landesstreiks*

Der Landesstreik bewirkte vorerst einmal eine weitere Verschärfung des Klassenkampfes und die Vertiefung des Grabens zwischen Arbeiterschaft sowie Bürger- und Bauerntum. Die Sozialdemokratische Partei lehnte in der Folge z. B. die Landesverteidigung ab, da die Truppen maßgebenden Anteil am Zusammenbruch des Generalstreiks hatten[143].

---

[138] Eingehender zur Rolle von Lenin in der Schweiz und zu seiner Abreise Gautschi, Landesstreik, S. 43 ff. und 64 f.
[139] Ebenda, S. 46.
[140] Ebenda, S. 281.
[141] Ebenda, S. 276 ff.
[142] Ebenda, S. 359 ff.
[143] Ebenda, S. 369.

4. Erwachen des sozialpolitischen Verständnisses

Allein beim Bürgertum setzte sich die Erkenntnis durch, daß es auf sozialem Gebiet zuwenig getan und damit ebenfalls eine Ursache der Erschütterungen gesetzt habe[144]. Vielleicht aus dieser Erkenntnis heraus verwirklichten die Bundesbehörden in den folgenden Jahren mehrere der neun Postulate, welche im Aufruf zum Generalstreik als Minimalprogramm aufgestellt worden waren. So führten sie — durch entsprechende Gesetze — den Proporz für die Nationalratswahl und die 48-Stundenwoche ein. Schon im Sommer 1919 legte der Bundesrat der Bundesversammlung den Entwurf für die Aufnahme einer Bestimmung in der Bundesverfassung vor, welche dem Bund die Kompetenz zur Einführung der Alters- und Hinterlassenenversicherung einräumte[145]. 1924 folgte ein Bundesgesetz über Beitragsleistungen an Arbeitslosenkassen. Der Generalstreik hat das soziale Verständnis in der Bevölkerung langfristig wesentlich gestärkt und ist somit als eine der Wurzeln zu verstehen, die — wenn auch erst viel später — zum Auf- und Ausbau der Sozialversicherung geführt hat.

5. Von der Konfrontation zur Kooperation

Die Bedrohungen, die sich in den dreißiger Jahren durch das nationalsozialistische Deutschland abzeichneten, haben in der Schweiz die Idee der Klassenversöhnung maßgebend gefördert. Aus der mißglückten Konfrontation von 1918 begann sich die Kooperation zu entwickeln, welche im Friedensabkommen vom 19. Juli 1937 ihren sichtbaren Ausdruck gefunden hat. Dieses Friedensabkommen wurde vom Präsidenten des Arbeitgeberverbandes Schweizerischer Maschinen- und Metallindustrieller, Ernst Düby, und Konrad Ilg[146], Präsident des Schweizerischen Metall- und Uhrenarbeiterverbandes — der größten Gewerkschaft —, unterzeichnet. Es beruhte letztlich auf Treu und Glauben in den Beziehungen zwischen Arbeitgeber und Arbeitnehmer und es hat die Idee der Sozialpartnerschaft auch in anderen Wirtschaftszweigen nachhaltig gefördert, der Schweiz den Arbeitsfrieden während Jahrzehnten bewahrt und die soziale Lage der Arbeiterschaft erheblich verbessert. Die erwähnten Bedrohungen führten im übrigen auch dazu, daß die Sozialdemokratische Partei 1935 wiederum für die Landesverteidigung eintrat und dieser Haltung während des Zweiten Weltkrieges treu blieb[147].

---

[144] Ebenda, S. 371 f.

[145] Der Bundesrat hatte schon 1889 ins Auge gefaßt, eine Alters- und Hinterlassenenversicherung einzuführen, er konnte sich aber noch nicht auf einen Zeitplan festlegen; vgl. vorne bei Anm. 111. Es darf aber doch wohl angenommen werden, daß der Generalstreik die Vorarbeiten des Bundes für die Schaffung einer verfassungsrechtlichen Grundlage beschleunigt hat.

[146] Er hatte dem Oltener Aktionskomitee angehört.

6. Die Weltwirtschaftskrise

Auch die Schweiz wurde zwischen den beiden Weltkriegen durch wirtschaftliche Krisen geschüttelt. So zählte sie 1922 durchschnittlich 67.000 gänzlich Arbeitslose[148]. Die Weltwirtschaftskrise, die am 29. Oktober 1929 mit dem Sturz der Kurse an den Börsen von New York eingeleitet wurde, erreichte in der Schweiz 1936 ihren Höhepunkt, als die Zahl der Arbeitslosen bis auf 120.000 anstieg. Die Bundesbehörden waren durch diese Entwicklung stark in Anspruch genommen. Zudem hatten sie sich in jener gefahrvollen Zeit mit der wirtschaftlichen Kriegsvorsorge sowie mit der Stärkung der militärischen und geistigen Landesverteidigung zu befassen. Die Zwischenkriegszeit war daher für den Ausbau der Sozialversicherung ungünstig, wie gleich zu zeigen sein wird[149].

II. Bundesmittel für die Arbeitslosen

1. Arbeitslosenfürsorge

Schon während des Krieges schuf der Bund durch zahlreiche Erlasse — Bundesbeschlüsse und Bundesratsbeschlüsse — die *Arbeitslosenfürsorge*. Er gewährte namentlich Kantonen und Gemeinden Beiträge, damit sie Unterstützungen an Arbeitslose entrichten konnten. So errichtete der Bundesrat durch Beschluß vom 24. März 1917 einen „Fonds für Arbeitslosenfürsorge", den er aus der Kriegsgewinnsteuer speiste[150]. Überdies leistete er an die Arbeitslosenkassen auch nach dem Kriege Beiträge. Im Jahre 1923 gab es 60 subventionsberechtigte Kassen, davon 18 öffentliche — von Kantonen und Gemeinden errichtete —, 4 paritätische und 38 Verbandskassen[151].

---

[147] Gautschi, Anm. 138, S. 71 ff. und 384, Anm. 5. — Mitglieder des Oltener Aktionskomitees stiegen später zu den höchsten Ehren des Staates auf: Ernst Nobs wurde 1943 erster sozialdemokratischer Bundesrat und Robert Grimm präsidierte 1946 die Vereinigte Bundesversammlung; Gautschi, S. 378, Anm. 58.

[148] BBl. 1924 II, S. 538 und 520; Ende April 1923 gab es noch 35.512 gänzlich und 17.767 teilweise Arbeitslose.

[149] Maurer, Sozialversicherungsrecht, S. 97.

[150] Zusammenstellung zahlreicher Erlasse bei Furrer, Entstehung und Entwicklung, S. 125 ff.; der Autor schildert auf S. 122 f. frühere, erfolglose Bemühungen, durch Bundesgesetz die Arbeitslosenversicherung einzuführen.

[151] BBl. 1924 II, S. 538. Der Bund bezahlte von 1917 bis 1923 an die Arbeitslosenfürsorge 143 Mill. Franken, an Arbeitslosenkassen dagegen nur 7,6 Mill. Franken. Daraus läßt sich wohl schließen, daß die Arbeitslosenkassen in jener Zeit noch keine allzugroße Bedeutung hatten. Vgl. Saxer, Soziale Sicherheit, S. 208, mit einer Tabelle auf S. 210 über die Entwicklung der Arbeitslosenversicherung von 1924 bis 1975; 1936 gab es 204 (Höchstzahl) und 1975 noch 131 Kassen.

2. Trotz Bundesgesetz vom 17. Oktober 1924: keine befriedigende Ordnung der Arbeitslosenversicherung

Im Jahre 1923 ging die Arbeitslosigkeit allmählich zurück. Der Bund entschloß sich daher, die Arbeitslosenfürsorge abzubauen und die Subventionen an die Arbeitslosenkassen neu zu ordnen. Er erließ zu diesem Zweck das BG über die Beitragsleistung an die Arbeitslosenversicherung vom 17. Oktober 1924[152]. Darin stellte er die Bedingungen auf, welche eine Kasse erfüllen mußte, um Bundesbeiträge beanspruchen zu können. So hatte die Kasse Beiträge (Prämien) der Mitglieder zu erheben, womit der Charakter als Versicherung unterstrichen werden sollte. Es handelte sich um ein Subventions- oder Förderungsgesetz, das ähnliche Züge wie das KUVG hinsichtlich der Krankenversicherung trug. Freilich verwendeten erst spätere Verordnungen den Ausdruck „Anerkennung": Die VO VI vom 19. Januar 1937[153] regelte die „Anerkennung der Kassen" in einem besonderen Abschnitt: Eine Kasse, die Bundesbeiträge wünschte, mußte den Bund zuerst um die „Anerkennung" nachsuchen. Da die Kantone grundsätzlich zuständig blieben, die Arbeitslosenversicherung nach ihrem Gutfinden auszugestalten, z. B. für Arbeitnehmer ein Voll- oder Teilobligatorium einzuführen, zeichnete sich dieser Versicherungszweig weiterhin durch größte Mannigfaltigkeit aus.

Als die Arbeitslosigkeit schon um das Jahr 1930 wieder zunahm — betroffen waren z. B. die Uhrenindustrie, die Stickerei usw. —, genügte das erwähnte Gesetz nicht mehr. Der Bund erließ verschiedene Bundesbeschlüsse, um neben der Versicherung wieder die Fürsorge auszubauen, z. B. 1931 „über die Krisenhilfe für Arbeitslose", die „Krisenunterstützung für Arbeitslose", 1939 „Fürsorge für ältere Arbeitslose". Es ging bei diesen Beschlüssen darum, Arbeitslose zu unterstützen, die gegenüber Arbeitslosenkassen keinen Anspruch auf Versicherungsleistungen hatten, sei es, daß sie gar nicht versichert waren, sei es, daß die bundesrechtlich vorgeschriebene Bezugsdauer von 90 Tagen abgelaufen war („ausgesteuerte" Arbeitslose). Das Nebeneinander von Bundeserlassen und kantonalen Erlassen, die sowohl die Versicherung als auch die Fürsorge regelten, und zwar auf vielfältige Art, führte zu einer beinahe unerträglichen Rechtszersplitterung, die bis in den Zweiten Weltkrieg hinein andauerte. Dem Bund ist es nicht geglückt, zwischen den beiden Weltkriegen eine befriedigende Ordnung der Arbeitslosenversicherung zu verwirklichen.

---

[152] AS 41, S. 235.
[153] AS 53, S. 45.

III. Alters-, Hinterlassenen- und Invalidenversicherung

1. Volksabstimmung über Artikel 34 quater BV vom 6. Dezember 1925

Mit seiner Botschaft vom 21. Juni 1919 „betreffend Einführung des Gesetzgebungsrechts über die Invaliditäts-, Alters- und Hinterlassenenversicherung und betreffend die Beschaffung der für die Sozialversicherung erforderlichen Bundesmittel"[154] unterbreitete der Bundesrat der Bundesversammlung den Antrag, die Bundesverfassung durch mehrere Zusätze zu ergänzen. Art. 34 quater sollte dem Bund die Kompetenz zur Einführung der Invaliditäts-, Alters- und Hinterbliebenenversicherung einräumen und die Art. 41ter und quater befaßten sich mit der Finanzierung der Versicherungswerke. Die Botschaft zählt nicht weniger als 210 Seiten und sie enthält zudem einen Anhang von 12 Seiten. Sie schildert den Stand der Gesetzgebung über diese Materie zahlreicher fremder Staaten sowie der Kantone, skizziert bereits Lösungen für die künftige schweizerische Gesetzgebung usw. In einer Ergänzungsbotschaft äußerte sich der Bundesrat eingehend über die Erhebung einer Erbschaftssteuer[155]. Die Bundesversammlung änderte die Entwürfe in mehreren Punkten ab. Von einer Erbschafts- und Schenkungssteuer des Bundes wollte sie nichts wissen, da diese den Kantonen vorbehalten sein sollte; ebenso strich sie die beantragte Biersteuer. Art. 34 quater, dem sie zustimmte, verpflichtete den Bund, die Alters- und Hinterlassenenversicherung einzuführen, und ermächtigte ihn, nachher auch die Invalidenversicherung zu errichten. Die finanziellen Leistungen des Bundes und der Kantone durften sich nicht auf mehr als die Hälfte des Gesamtbedarfs der Versicherung belaufen. Für den Rest waren also Beiträge zu erheben, womit der Charakter der Versicherung unterstrichen wurde. Die Reineinnahmen einer künftigen fiskalischen Belastung des Tabaks und gebrannter Wasser waren für die Alters- und Hinterlassenenversicherung reserviert. Gleichzeitig gewährte ein neuer Art. 41ter dem Bund die Befugnis, „den rohen und den verarbeiteten Tabak zu besteuern".

Das Volk nahm die Verfassungsvorlage mit der Abstimmung vom 6. Dezember 1925 mit dem starken Mehr von 410.988 Ja gegen 217.483 Nein an[156].

---

[154] BBl. 1919 IV, S. 1 - 210 (Botschaft), S. 211 f. (Entwurf) und S. 213 - 224 (Anhang).
[155] BBl. 1920 III, S. 706.
[156] BBl. 1925 II, S. 679 (Text der Vorlage), 1926 I, S. 1 und 1946 II, S. 365.

2. Scheitern der „Lex Schulthess"; Verstärkung der Alters- und Hinterlassenenfürsorge

Mit seiner Botschaft vom 29. August 1929 legte der Bundesrat der Bundesversammlung den Entwurf für ein Bundesgesetz über die Alters- und Hinterlassenenversicherung vor, der von der Bundesversammlung mit einigen Änderungen am 17. Juni 1931 beinahe einstimmig angenommen wurde[157]. Der Entwurf sah eine das ganze Volk umfassende obligatorische Versicherung vor. Er verpflichtete jeden Kanton, eine besondere Versicherungskasse zu errichten. Männer hatten jährlich feste Beiträge von 18 Franken und Frauen von 12 Franken zu entrichten; die Beiträge waren also nicht nach sozialen Gesichtspunkten — Höhe des Einkommens oder des Vermögens — abgestuft. Arbeitgeber hatten pro Arbeitnehmer 15 Franken zu bezahlen. Die Altersrente — 200 Franken jährlich — sollte ab Alter 66 gewährt werden. Daneben waren Witwenrenten von 150 Franken jährlich und Waisenrenten von 50 Franken jährlich pro Kind vorgesehen.

Gegen die Gesetzesvorlage wurde das Referendum ergriffen. Das Volk hat sie am 6. Dezember 1931 mit 510.695 Nein gegen 338.838 Ja verworfen[158]. Diese nach dem zuständigen Mitglied des Bundesrates benannte „Lex Schulthess" kann — aus heutiger Sicht — kaum als glückliche Lösung bezeichnet werden, die Beiträge waren, wie bereits erwähnt, nicht nach sozialen Gesichtspunkten abgestuft, und überdies dürften die Renten auch für die damaligen Verhältnisse zu gering gewesen sein. Den Ausschlag für die Verwerfung gab wahrscheinlich ein anderer Umstand: Die Bevölkerung hatte in der sich rasch ausbreitenden Wirtschaftskrise mehrheitlich Angst, ein Experiment mit neuen Abgaben zu wagen.

Nach der Verwerfung der Vorlage verstärkte der Bund die Alters- und Hinterlassen*fürsorge*, indem er der privaten Stiftung für das Alter und später auch jener für die Jugend sowie den Kantonen Bundesbeiträge gewährte[159]. Damit vermochte er jedoch den Alten, Hinterlassenen und Invaliden keine genügende finanzielle Sicherung zu bieten. Die heute geltende Ordnung glückte ihm erst nach dem Zweiten Weltkrieg. Somit ist die gesetzliche Regelung der AHV im ersten Anlauf ebenso gescheitert wie jene der Kranken- und Unfallversicherung.

---

[157] BBl. 1931 I, S. 1000 (Abstimmungsvorlage).

[158] BBl. 1946 II, S. 366 und 1932 I, S. 1 mit leicht unterschiedlichen Zahlenangaben.

[159] Furrer, Anm. 150, S. 108; BBl. 1946 II, S. 366; Heft 2 der vom Bundesamt für Sozialversicherung herausgegebenen Berichte: Die Alters- und Hinterlassenenversicherung und -fürsorge in der Schweiz bis Ende 1943, Bern 1944.

C. Der Zweite Weltkrieg (1939 - 1945)

I. Vollmachtenbeschluß

Der Bundesrat erhielt von der Bundesversammlung durch Bundesbeschluß vom 30. August 1939 außerordentliche Vollmachten für die Ergreifung von Maßnahmen zum Schutze des Landes und zur Aufrechterhaltung der Neutralität[160]. Seine Vollmachten nutzte er nicht nur in wirtschaftlicher und militärischer, sondern auch in sozialpolitischer Hinsicht; denn er faßte mehrere Beschlüsse, welche die Grundlage für die beinahe stürmische Entwicklung der Sozialversicherung in der Zeit nach dem Kriege bildeten. Regelungen, die er traf, konnten noch während des Krieges praktisch erprobt und — soweit sie sich bewährten — später in die ordentliche Gesetzgebung überführt werden. Das Erlebnis gemeinsamer Bedrohung und des Aktivdienstes in der Milizarmee haben die verschiedenen Schichten der Bevölkerung einander nähergerückt und ihr gegenseitiges Verständnis beträchtlich gestärkt[161]. Die sozialpolitischen Maßnahmen, die der Bundesrat gestützt auf seine Vollmachten angeordnet hat, halfen entscheidend mit, die Schweiz während des Krieges und in den ihm folgenden Jahren vor Erschütterungen zu bewahren, wie sie im November 1918 aufgetreten sind.

II. Lohn- und Verdienstersatzordnung

1. Militärische Notunterstützung während des Ersten Weltkrieges

Wehrmänner bezogen im Ersten Weltkrieg während ihrer langen Ablösungsdienste in der Regel keinen Lohn und nur einen geringfügigen Sold, weshalb sie und ihre Familien in Not geraten konnten. Nach OR 335 (rev. OR 324 a) war der Arbeitgeber nur verpflichtet, den Lohn bei Militärdienst für eine verhältnismäßig kurze Zeit weiterhin auszurichten, da er für länger dauernde Dienste dazu meistens gar nicht über die Mittel verfügt hätte. Wenn Wehrmänner Angehörige zu unterstützen hatten, konnten sie bei der zuständigen Gemeinde „militärische

---

[160] Sowohl Ständerat als auch Nationalrat stimmten dem Vollmachtenbeschluß ohne Gegenstimme zu. Dabei waren die Sozialdemokraten damals noch nicht im Bundesrat vertreten (vgl. vorne Anm. 147). Immerhin enthielten sich je zwei Sozialdemokraten und Kommunisten der Stimme. Näheres bei Georg Kreis, Die Einführung des Vollmachtenregimes vor 40 Jahren, Neue Zürcher Zeitung 1979, Nr. 201, S. 35, mit Hinweisen zur kontroversen Frage, ob der Vollmachtenbeschluß verfassungsgemäß gewesen sei. — Eine von jeder Kammer der Bundesversammlung bestellte permanente Vollmachtenkommission hatte darüber zu wachen, daß der Bundesrat von seinen Vollmachten keinen unerwünschten Gebrauch machte.
[161] Maurer, Sozialversicherungsrecht, S. 98 f.

Notunterstützung" verlangen, die durch die Militärorganisation von 1907 eingeführt worden war[162]. Sie empfanden diese Notunterstützung beinahe als Armenunterstützung, was unbefriedigend war, da ja die Notlage durch den obligatorischen Militärdienst verursacht wurde. Das geschilderte System mußte daher zu Beginn des Zweiten Weltkrieges durch ein anderes, tauglicheres ersetzt werden, nämlich durch die Lohn- und Verdienstersatzordnung.

2. Die Neuregelung vom 20. Dezember 1939 und weitere Beschlüsse während des Zweiten Weltkrieges

Schon am 20. Dezember 1939 erließ der Bundesrat gestützt auf seine Vollmachten den „Beschluß über eine provisorische Regelung der Lohnausfallentschädigung an aktivdiensttuende Arbeitnehmer", konnte aber diese Lohnersatzordnung (LEO) erst auf den 1. Februar 1940 wirksam werden lassen. Sie läßt sich, stark vereinfacht, wie folgt skizzieren:

Jeder Betrieb hatte bei der Lohnzahlung 2 % abzuziehen und selbst einen gleich hohen Betrag zu leisten. Aus diesen Beiträgen entrichtete er den dienstleistenden Wehrmännern seines Betriebes eine Entschädigung. Diese war durch die LEO näher geregelt und nach den Familienlasten abgestuft. Der Arbeitgeber führte einen „Ausgleich" herbei, indem er Beiträge und Entschädigungen miteinander verrechnete und nur per Saldo mit den Ausgleichskassen abrechnete. Von diesen konnte er die erforderlichen Beträge beziehen, wenn auf seiner, der ersten Ausgleichsstufe, die Entschädigungen die Beiträge überwogen, und umgekehrt mußte er einen allfälligen Aktivsaldo abliefern. Die Ausgleichskassen, denen zahlreiche Betriebe angeschlossen waren, führten den Ausgleich auf der zweiten Stufe durch. Einen Überschuß hatten sie dem gesamtschweizerischen zentralen Ausgleichsfonds abzuliefern und von ihm konnten sie bei einem allfälligen Passivsaldo die fehlenden Beträge verlangen. Somit vollzog sich der endgültige Ausgleich beim zentralen Ausgleichsfonds auf der dritten Stufe. Allein dieser und die Ausgleichskassen mußten zuerst geschaffen werden. Berufsverbände von Arbeitgebern errichteten für ihre Mitglieder die Verbandsausgleichskassen. Überdies hatte jeder Kanton eine kantonale Ausgleichskasse zu organisieren, welche Arbeitgeber erfaßte, die keiner Verbandsausgleichskasse angeschlossen waren. Die Ausgleichskasse war eine juristische Person des öffentlichen Rechts, wobei ihr diese Eigenschaft mit der Erteilung der Betriebsbewilligung, gleichsam mit der Anerkennung durch die zuständige Verwaltungsstelle des Bundes, zukam. Den zentralen Ausgleichsfonds errichtete der Bund selbst. Dieses System konnte, da eine große Kooperationsbereitschaft zwischen den Sozialpartnern unter sich

---
[162] Furrer, Anm. 150, S. 84 f.; Tschudi, SZS 1965, S. 90 ff.

und mit den Bundesbehörden vorhanden war, in kürzester Zeit aufgebaut werden, so daß es die ihr zugedachte Aufgabe voll erfüllte.

Der Bundesrat erließ während des Krieges weitere Beschlüsse, so daß schließlich vier Systeme entstanden: Lohnersatzordnung für Unselbständigerwerbende; je eine Verdienstersatzordnung für das Gewerbe und die Landwirtschaft; Studienausfallordnung für Studenten[163].

Die geschilderte Ordnung bedeutet einen entscheidenden Durchbruch in der Entwicklung der schweizerischen Sozialversicherung. Dies gilt einmal für die neu entstandenen Versicherungsträger, die Ausgleichskassen, da sie nach dem Kriege bei der Durchführung der AHV, IV und weiterer Zweige verwendet werden konnten. Sodann bewährte sich die Beitragsordnung, indem alle erwerbstätigen Personen von ihrem Erwerb — Lohn der Arbeitnehmer und Verdienst der Selbständigerwerbenden — ohne obere Begrenzung bestimmte Prozente als Beiträge zu entrichten hatten[164].

III. Arbeitslosenversicherung

Am 14. Juli 1942 vereinheitlichte der Bundesrat durch Vollmachtenbeschluß die Arbeitslosenversicherung weitgehend. Wohl behielt er das System der Subventionierung von Arbeitslosenkassen bei; er ordnete jedoch die Versicherungsfähigkeit und die Anspruchsberechtigung. Überdies errichtete er einen Kassenausgleichsfonds, um stärker belasteten Kassen Ausgleichszuschläge gewähren zu können (Risikoausgleich)[165]. Mit dem gleichen Beschluß legte er auch die Arbeitslosenfürsorge (Nothilfe) in ihren Grundzügen fest. Über sie faßte er am 23. Dezember 1942 einen weiteren Beschluß, mit dem die Einzelheiten geregelt wurden. Den zuerst genannten Beschluß änderte er noch dreimal. Dieser blieb in Kraft, bis er durch das BG vom 1. Januar 1952 über die Arbeitslosenversicherung ins ordentliche Recht übergeführt werden konnte.

---

[163] Näheres zur Entstehungsgeschichte bei Furrer, Anm. 150, S. 88; Peter Saxer, Die AHV-Ausgleichskassen als neue Organisationsform der schweizerischen Sozialversicherung, Berner Diss. 1953, S. 94 ff.

[164] Saxer, Soziale Sicherheit, S. 219. Die lohnbezogene Prämie war schon durch das KUVG für die obligatorische Unfallversicherung eingeführt worden. Der prämienpflichtige Lohn ist hier aber nach oben begrenzt. Zudem wird nur ein Teil der erwerbstätigen Bevölkerung durch die obligatorische Unfallversicherung erfaßt.

[165] Bigler-Eggenberger, Soziale Sicherung, S. 93; Maurer, Anm. 53, S. 100; Furrer, Anm. 52, S. 129 f.

IV. Familienzulageordnung

Landwirtschaftliche Arbeitnehmer und Bergbauern gehören zu den sozial schwächeren Schichten unserer Bevölkerung. Ihre Bedeutung für die Lebensmittelversorgung des Landes sprang während des Krieges in die Augen. Da Gefahr bestand, daß sie ihren Beruf aufgaben, um in Industrie oder Gewerbe bessere Verdienstmöglichkeiten zu suchen, faßte der Bundesrat, gestützt auf seine Vollmachten, am 9. Juni 1944 den Beschluß, landwirtschaftlichen Arbeitnehmern und Bergbauern finanzielle Beihilfen, nämlich Haushaltungs- und Kinderzulagen zu gewähren. Die Durchführung übertrug er den Ausgleichskassen der Kantone. Damit hat er erstmals für einen Zweig der Wirtschaft eine bundesrechtliche Familienzulageordnung aufgestellt[166].

D. Entwicklung der Sozialversicherung seit dem Zweiten Weltkrieg (ab Mai 1945)

I. Wirtschafts- und Sozialpolitik

1. Wirtschaftliche Blüte seit 1945

Nach dem Zweiten Weltkrieg trat die erwartete Arbeitslosigkeit nicht ein. Vielmehr erlebte die Schweiz seit 1945 eine bisher nie gekannte wirtschaftliche Hochblüte, die erst mit dem Einbruch der Rezession von 1974/75 abflaute. Da der Produktionsapparat zeitweise überlastet war, stellten sich Erscheinungen der Überhitzung ein, so daß z. B. ein sozial und ökonomisch gefährliches Übel, nämlich die Teuerung, bisweilen stark zunahm.

2. Statistisches

Einige Zahlen sollen die Entwicklung veranschaulichen. Der Preisindex stieg in der Zeit von 1948 - 1978 von 100 auf 235,5[167]. Die Teuerung erreichte 1974 ihren Höhepunkt und betrug in diesem Jahr 9,8 %. Noch wesentlich stärker nahmen die Löhne zu. Der Zuwachs in der Zeit von 1948 - 1978 betrug nominal 769 % und real[168], bezogen auf die Konsumentenpreise von 1948, 269 %. Für die Löhne, auf denen AHV-Beiträge erhoben werden, verwendet man den AHV-Lohnindex. Nimmt man ihn für 1948 mit 100 an, so betrug er Ende 1977 557,4[169]. Das Bruttosozial-

---

[166] Saxer, Soziale Sicherheit, S. 196 ff.; Schaeppi, Kinderzulagen, S. 37 ff.
[167] Vgl. auch Müller, AHV, S. 149.
[168] Die meisten der hier genannten Zahlen hat mir Herr Dr. R. Ehlers von der Schweizerischen Kreditanstalt in Zürich mitgeteilt. Dafür möchte ich ihm auch an dieser Stelle danken.
[169] Müller, AHV, S. 149. — Heute dürfte z. B. die schweizerische Arbeiterschaft eines der höchsten Lohnniveaus aller Länder aufweisen.

produkt belief sich 1948 auf 19,22 Mrd. Franken und 1978 auf 156,9 Mrd. Franken. Rechnet man es zu Preisen von 1970, so lauten die Zahlen von 1948 auf 36.055 Mrd. und für 1978 auf 100.075 Mrd. Franken. Es resultiert eine reale Zunahme von 178 %. Die Zahl der gänzlich Arbeitslosen erreichte ihr Maximum 1976 mit durchschnittlich 20.703 (1948: 2.971), verglichen mit rund 120.000 1936.

3. Das Problem der Überfremdung

Während verschiedener Phasen der konjunkturellen Überhitzung bestand ein großer Mangel an Arbeitskräften. Er wurde weitgehend durch ausländische Gastarbeiter ausgeglichen. Dadurch nahm der Anteil der ausländischen Bevölkerung in der Schweiz stark zu. Er betrug Ende 1950 bei einer Gesamtbevölkerung von 4.714 Mill. 285.446 und Ende 1975 bei einer Gesamtbevölkerung von 6.333 Mill. 1.043 Mill. Seither ging er leicht zurück (Ende 1978 898.000 oder 14,4 %). Die ständige Zunahme des ausländischen Bevölkerungsanteils ließ vielfache Probleme entstehen, so auch solche psychologischer Natur. Es kam eine Verfassungsinitiative zustande, mit welcher ein drastischer Abbau des Bestandes ausländischer Gastarbeiter verlangt wurde. Diese „Überfremdungsinitiative"[170] wurde in der Volksabstimmung vom 7. Juni 1970 nur knapp verworfen. Die Bundesbehörden ergriffen in der Folge Maßnahmen, um den ausländischen Anteil an der Bevölkerung allmählich herabzusetzen. Die hohe Zahl ausländischer Gastarbeiter bewirkte im übrigen, daß die Schweiz mit zahlreichen Staaten Sozialversicherungsabkommen abschloß, um mit diesen die dringendsten sozialversicherungsrechtlichen Probleme der Gastarbeiter zu lösen.

4. Stürmische Entwicklung der Sozialversicherung

Die Sozialversicherung hat sich seit dem Zweiten Weltkrieg geradezu ungestüm entwickelt. Mit Ausnahme des KUVG, das noch vor dem Ersten Weltkrieg erlassen worden ist, sind alle heute noch geltenden, bedeutenderen Sozialversicherungsgesetze nach 1945 entstanden. Von den Ursachen, die eine solche Entwicklung zu begünstigen vermochten, seien einige genannt: Die Schweiz wies, verglichen mit andern westeuropäischen Industriestaaten, hinsichtlich der Sozialversicherung einen augenfälligen Rückstand auf, so daß ein Nachholbedarf zu befriedigen war; der günstige wirtschaftliche Verlauf öffnete sozialpolitischen Diskussionen und Entscheidungen einen breiten Spielraum und verminderte zugleich bei der Bevölkerung die Furcht vor Experimenten; der

---

[170] Man nannte sie nach ihrem geistigen Urheber auch „Schwarzenbach-Initiative". — Es ist durchaus nicht nur ein schweizerisches Phänomen, daß eine übermäßige Überfremdung in einem Volk Abwehrmechanismen auslösen kann.

Zweite Weltkrieg hatte, wie mehrfach erwähnt wurde, das gegenseitige soziale Verständnis der Bevölkerungsschichten füreinander mächtig gestärkt; unter den politischen Parteien konnte ein weitgehender Konsens darüber erzielt werden, daß und wie die Sozialversicherung auszubauen sei; schließlich darf auch einmal hervorgehoben werden, daß die zuständigen Ämter der Bundesverwaltung — so das Bundesamt für Sozialversicherung — bei Vorbereitung und Vollzug von Gesetzen und Verordnungen einen bemerkenswerten Einsatz zeigten[171].

5. Überführung von Vollmachtenbeschlüssen ins ordentliche Recht

Die Bundesbehörden mußten, um die bundesrätlichen Vollmachtenbeschlüsse in die ordentliche Gesetzgebung überführen zu können, zuvor in mehrfacher Hinsicht die verfassungsrechtliche Grundlage schaffen. Auf die neuen Bestimmungen der Bundesverfassung ist am gegebenen Ort hinzuweisen. Für die nun folgende Darstellung wird die Reihenfolge der Versicherungszweige in der Regel nach dem Zeitpunkt bestimmt, in welchem das betreffende Bundesgesetz erlassen oder wesentlich geändert wurde.

II. Alters- und Hinterlassenenversicherung[172]

1. Das Bundesgesetz vom 20. Dezember 1946

Nach der Verwerfung der „Lex Schulthess" stagnierten vorerst die Bemühungen um die Schaffung der AHV. Mit Ausnahme einer Motion Saxer im Nationalrat von 1938 datieren die meisten parlamentarischen und außerparlamentarischen Vorstöße — es gab deren viele — aus der Zeit nach der Einführung der Lohn- und Verdienstersatzordnung, da dieses Sozialwerk den Weg aufzeigte, auf welchem die AHV befriedigend und ohne allzu große Schwierigkeiten verwirklicht werden konnte[173]. Am 25. Juli 1942 kam auch eine Verfassungsinitiative zustande. Überdies reichten mehrere Kantone Standesinitiativen ein, mit denen die Errichtung der AHV verlangt wurde. Jene der Kantone Bern und Aargau veranlaßten den Bundesrat, bei der Bundesversammlung zu beantragen, er sei zu beauftragen, einen entsprechenden Gesetzentwurf vorzulegen. Dieser Antrag wurde von beiden Räten einstimmig

---

[171] Von den Bundesräten, die als Vorsteher der zuständigen Departemente den Auf- und Ausbau der Sozialversicherung entscheidend gefördert haben, seien genannt: Bundesrat Dr. W. Stampfli (im Amt von 1940 bis 1947) und Bundesrat Prof. Dr. H. P. Tschudi (im Amt von 1959 bis 1973).

[172] Vgl. bereits vorne bei Anm. 13 sowie besonders eingehend zur Geschichte Jakob Graf, ZAK 1979, S. 291, 386 und 459.

[173] In BBl. 1946 II, S. 366 ff. werden die verschiedenen Vorstöße zusammengestellt, ebenfalls in Heft 3 der vorne in Anm. 159 erwähnten Berichte.

zum Beschluß erhoben[174]. Das Eidg. Volkswirtschaftsdepartement setzte am 11. Mai 1944 eine Expertenkommission ein, welche unter der Leitung von Dr. Arnold Saxer, früherer Nationalrat und nunmehr Direktor des Bundesamtes für Sozialversicherung, die für die Einführung der AHV erforderlichen Abklärungen vorzunehmen und Vorschläge auszuarbeiten hatte. Die Expertenkommission schloß ihre Arbeiten mit einem umfassenden Bericht vom 16. März 1945 ab. Ihre Vorschläge waren wegleitend für die Ausgestaltung des Gesetzesentwurfes. Am 24. Mai 1946 leitete der Bundesrat der Bundesversammlung Botschaft und Entwurf zu einem Bundesgesetz über die AHV zu[175]. Eine besondere Botschaft vom 29. Mai 1946 erläuterte die „Finanzierung der AHV mit öffentlichen Mitteln" und verband sie mit entsprechenden Gesetzesentwürfen[176]. Die Räte haben die beiden Vorlagen zur Hauptsache miteinander verschmolzen und dem Bundesgesetz über die AHV nach erstaunlich kurzer Zeit, nämlich schon am 20. Dezember 1946, zugestimmt. Dies war nur möglich, da Organisation und Beitragsordnung auf den bereits erprobten Lösungen der Lohn- und Verdienstersatzordnung aufgebaut werden konnten. Gegen das Gesetz wurde das Referendum ergriffen. Die Aktivbürger — die Frauen besaßen das Stimmrecht noch nicht — nahmen es in der Abstimmung vom 6. Juli 1947 mit 862.036 Ja gegen 215.496 Nein an. Mit einem so großen Mehr hat der Souverän seit der Gründung des Bundesstaates im Jahre 1848 noch nie eine Vorlage angenommen[177]. Das Gesetz trat am 1. Januar 1948 in Kraft[178].

2. Ausbau der AHV

Im Gegensatz zur gescheiterten „Lex Schulthess" beruht das geltende AHVG auf einer „elastischen" Beitragsordnung; denn es werden nicht betraglich fixierte, sondern „lohnbezogene" Beiträge erhoben, die überdies durch die Solidarität der finanziell stärkeren Volksschichten charakterisiert sind. Da die AHV zudem nach dem Umlageverfahren, das mit einem Schwankungsfonds verbunden ist, finanziert wird, konnte sie ohne große Schwierigkeiten weiter ausgebaut werden. Die wirtschaftliche Prosperität lud dazu ein. In der Zeit vom 1. Januar 1948 bis Ende 1979 kamen nicht weniger als neun Verfassungsinitiativen zustande, die die AHV zum Gegenstand hatten. Das Volk hatte freilich nur über wenige von ihnen abzustimmen, da die Initianten die meisten

---

[174] BBl. 1946 II, S. 369.
[175] Ebenda, S. 365 ff. (Botschaft) und S. 555 (Gesetzesentwurf).
[176] Ebenda, S. 589 - 694.
[177] Saxer, Soziale Sicherheit, S. 24. Weiteres zur Entstehungsgeschichte bei Furrer, Anm. 52, S. 109 ff.; Granacher, SZS 1958, S. 240 ff.; Greiner, SZS 1958, S. 58 ff.; Müller, AHV, S. 53 ff. u. a. m.
[178] Näheres zur Struktur der AHV vorne bei Anm. 13. — SR 831.10.

zurückzogen; ihren Begehren ist nämlich in der Regel durch Änderungen der Gesetzgebung oder — in einem Fall — durch einen Gegenvorschlag der Bundesversammlung ausreichend Rechnung getragen worden. Das AHVG selbst hat bisher neun numerierte und drei nichtnumerierte Revisionen erfahren. Lediglich gegen die 9. AHV-Revision wurde das Referendum ergriffen. Das Volk stimmte der Vorlage am 26. Februar 1978 zu. Mehr als 200 parlamentarische Vorstöße in den eidgenössischen Räten befaßten sich ebenfalls mit der AHV; die meisten von ihnen bezwecken ihren schrittweisen Ausbau[179].

3. Statistisches

Einige Zahlen mögen die Entwicklung der AHV bis Ende 1979 etwas beleuchten[180]: Ursprünglich betrug die Mindestrente (einfache Altersrente) 480 Fr. und die Höchstrente 1.500 Fr. jährlich. Ende 1979 beliefen sich die entsprechenden Renten auf 6.300 Fr. und 12.600 Fr. Die Mindestrenten sind somit rund 13mal und die Höchstrenten rund 8,4mal größer geworden. Da die Höchstrenten weniger stark als die Mindestrenten angehoben wurden, scheint die Entwicklung zur Einheitsrente hin zu verlaufen, wie sie in der „Lex Schulthess" vorgesehen war. Die Preise sind in der gleichen Zeit etwa um das 2,4fache angestiegen. Die Renten haben also kaufkraftmäßig um ein Mehrfaches zugenommen. Das Erwerbseinkommen, auf welchem die AHV-Beiträge erhoben werden, dürfte in der gleichen Zeit etwa 5,5mal gewachsen sein[181]. Die Beitragssätze für Arbeitgeber und Arbeitnehmer beliefen sich für die AHV allein anfänglich auf 4 % und Ende 1979 auf 8,4 % des maßgebenden Lohnes, jene für Selbständigerwerbende auf 4 % bzw. 7,8 %.

4. Das „Drei-Säulen-Prinzip"
des neu gefaßten Art. 34 quater BV

In der Abstimmung vom 3. Dezember 1972 hat das Volk den bisher geltenden durch einen neuen Art. 34 quater BV ersetzt[182]. Er ist nicht

---
[179] Maurer, Sozialversicherungsrecht, S. 102 mit Literaturhinweisen in Anm. 173.
[180] Ebenda, S. 103.
[181] Vgl. vorne bei Anm. 169.
[182] Vgl. vorne bei Anm. 156. Am gleichen Tag lehnte das Volk eine Verfassungsinitiative der Partei der Arbeit „Für eine wirkliche Volkspension" vom 2. Dezember 1969 ab und nahm den Gegenvorschlag der Bundesversammlung an, der die heute geltende Regelung der BV brachte. Der Gegenvorschlag enthielt Elemente, die in zwei anderen Verfassungsinitiativen enthalten waren, nämlich jener der Sozialdemokratischen Partei der Schweiz und des Schweizerischen Gewerkschaftsbundes vom 18. März 1970 und der weiteren Initiative eines überparteilichen Komitees für zeitgemäße Altersvorsorge vom 13. April 1970. Diese beiden Initiativen wurden 1974 zurückgezogen. Vgl. Müller, AHV, S. 116 und 165.

nur Kompetenzartikel, sondern legt bestimmte Richtlinien fest, wie die Alters-, Hinterlassenen- und Invalidenvorsorge künftig auszugestalten sei. So verankert er faktisch das Drei-Säulen-Prinzip: die erste Säule, nämlich die staatliche AHV und die IV, soll den Existenzbedarf decken; die zweite Säule, d. h. die berufliche Vorsorge — Personalvorsorgeeinrichtungen, Pensionskassen usw. — hat zusammen mit der ersten Säule allen Arbeitnehmern die Fortsetzung der gewohnten Lebenshaltung in angemessener Weise zu ermöglichen; die dritte Säule ist die Selbstvorsorge des Bürgers, die der Bund zusammen mit den Kantonen insbesondere durch Maßnahmen der Fiskal- und Eigentumspolitik zu fördern hat[183]. Zur zweiten Säule liegt ein Gesetzesentwurf vor den eidgenössischen Räten[184]; für die dritte Säule sind dagegen noch kaum Vorbereitungen getroffen. Das Ziel der existenzsichernden Rente hat der Bund mit der tief einschneidenden 8. AHV-Revision weitgehend erreicht. Mit ihr wurde die Rente in zwei Stufen mehr als verdoppelt. Sie ist zum 1. Oktober 1973 in Kraft getreten.

5. Die AHV-Revisionen

Zu den AHV-Revisionen[185] sollen hier einige Hinweise folgen:

a) Mit der 1. AHV-Revision vom 21. Dezember 1950, in Kraft seit 1. Januar 1951[186], strebten die Bundesbehörden die Milderung von Härtefällen an. Sie erweiterten den Kreis der Personen, die Anspruch auf eine Übergangsrente hatten. Daneben verbesserten sie die degressive Beitragsskala für Selbständigerwerbende leicht, indem sie die Einkommensgrenze nach oben verschoben[187].

b) Die Lohn- und Preisentwicklung verlief anders, als man dies 1947 vorausgeschätzt hatte. Daraus entstand im AHV-Fonds, verglichen mit den ursprünglichen Prognosen, ein Überschuß. Die 2. AHV-Revision

---

[183] Maurer, Anm. 179, S. 131, Anm. 244 a.
[184] Etwa 80 %/o der Arbeitnehmer dürften, wenn auch für sehr unterschiedliche Leistungen, bei einer Personalvorsorgeeinrichtung versichert sein.
[185] Der Ausdruck AHV-Revision bedeutet, daß gesetzliche Bestimmungen zur AHV (AHVG usw.) geändert, eingefügt oder aufgehoben worden sind. Es handelt sich also um Änderungen durch ein Bundesgesetz, die in der Regel auch Änderungen auf der Verordnungsstufe notwendig machen.
[186] BBl. 1950 II, S. 185; AS 1951, S. 391.
[187] Müller, AHV, S. 67 äußert den Verdacht, das Parlament habe mit dieser Revision „lediglich eine Alibi-Übung im Hinblick auf das Wahljahr 1951 durchgeführt". — Die degressive oder sinkende Beitragsskala besteht darin, daß die Beitragssätze für Selbständigerwerbende, die eine bestimmte Einkommensgrenze nicht erreichen, nach unten gestaffelt sind. Die Einkommensgrenze war Ende 1979 auf 25.200 Fr. angesetzt. Der Selbständigerwerbende, der dieses Einkommen erzielte, mußte nicht den vollen Beitrag von 7,8 %/o sondern 7,4 %/o bezahlen und jener, der z. B. 4.200 Fr. verdiente, mußte nur 4,2 %/o als Beitrag entrichten.

vom 30. September 1953, in Kraft ab 1. Januar 1954[188], brachte daher Rentenerhöhungen. Sowohl die ordentlichen Mindest- und Höchstrenten als auch die Übergangsrenten wurden hinaufgesetzt. Der Beitrag der Nichterwerbstätigen von bisher 1 - 50 Franken wurde neu auf 12 - 600 Franken festgesetzt. Die Beitragspflicht der über 65jährigen Erwerbstätigen hob der Gesetzgeber vollständig auf[189].

c) Nach der ursprünglichen Regelung konnten die Angehörigen der Übergangsgeneration, d. h. die vor dem 1. Juli 1883 geborenen Personen, nur dann eine Übergangsrente beanspruchen, wenn sie bestimmte Einkommensgrenzen nicht erreichten (Bedarfsrenten). Sie hatten ja noch keine Beiträge geleistet. Die 3. AHV-Revision vom 22. Dezember 1955, in Kraft seit 1. Januar 1956[190], hob diese Einkommensgrenzen auf, so daß fortan die Übergangsrenten ohne Rücksicht auf die Bedürftigkeit entrichtet wurden[191].

d) Vielfache und teilweise weittragende Änderungen brachte die 4. AHV-Revision vom 21. Dezember 1956, in Kraft seit 1. Januar 1957: die ordentlichen Renten wurden unter Verwendung einer neuen Rentenformel erhöht, ebenso die Teilrenten durch doppelte Anrechnung der Beitragsjahre[192]. Das Rentenalter der Frau im Hinblick auf die einfache Altersrente reduzierte der Gesetzgeber vom 65. auf das vollendete 63. Altersjahr. Die Witwenrente setzte er einheitlich auf 80 % der einfachen Altersrente fest, während sie bisher je nach Verwitwungsalter 60 bis 90 % betragen hatte. Auch die Ansätze für die Waisenrenten erhöhte er. Die sinkende Beitragsskala verbesserte er ein weiteres Mal zugunsten der Selbständigerwerbenden.

e) Im Zusammenhang mit der Einführung der IV — vgl. hinten VII. — erfuhr das AHVG am 19. Juni 1959 eine nichtnumerierte Revision, wobei die Änderungen zugleich mit dem IVG am 1. Januar 1960 in Kraft traten[193]. Man sprach von einer Anpassungsrevision (Anpassung an die IV). Die wichtigste Änderung bestand in der Einführung der Pro-rata-temporis-Regelung bezüglich der Teilrenten. Bei unvollständiger Beitragsdauer entstand kein Anspruch mehr auf eine Vollrente, sondern nur noch auf eine Teilrente. Dies war für die ausländi-

---

[188] BBl. 1953 II, S. 81; AS 1954, S. 211.
[189] Die 9. AHV-Revision hat sie in modifizierter Form wieder eingeführt. — Vgl. weitere Einzelheiten bei Müller, AHV, S. 71 ff.; neue Mindestrente 720 Fr. und neue Höchstrente 1.700 Fr. jährlich.
[190] BBl. 1955 II, S. 1088; AS 1956, S. 651.
[191] Müller, AHV, S. 75; Granacher, SZS 1957, S. 69.
[192] BBl. 1956 I, S. 1429; AS 1957, S. 262. Die Mindestrente betrug neu 900 Fr. und die Höchstrente 1.850 Fr. jährlich. SZS 1957, S. 77 und S. 278 sowie 1959, S. 310.
[193] BBl. 1958 II, S. 1137; AS 1959, S. 854.

schen Versicherten besonders bedeutsam, da sie die größte Gruppe mit unvollständiger Beitragsdauer darstellen. Die Übergangsrenten wurden in außerordentliche Renten umbenannt[194].

f) Die 5. AHV-Revision vom 23. März 1961, in Kraft ab 1. Januar 1962, brachte durchschnittliche nominelle Rentenerhöhungen von 28 - 29 % und eine Beitragsentlastung für Selbständigerwerbende mit bescheidenem Einkommen durch Änderung der degressiven Beitragsskala. Sie regelte ferner die Beiträge der öffentlichen Hand ab 1958 neu und schrieb überdies vor, daß die Rentenverhältnisse und die Finanzlage der AHV alle fünf Jahre zu überprüfen seien[195].

Diese Revision wurde teilweise durch Volksbegehren der Sozialdemokratischen Partei der Schweiz vom 22. Dezember 1958 und eines Überparteilichen Komitees für höhere AHV-Renten vom 22. Mai 1959 ausgelöst. Beide Volksbegehren sind 1961 zurückgezogen worden[196], da die 5. AHV-Revision ihre Postulate weitgehend erfüllt hat.

g) Zahlreiche Änderungen waren mit der 6. AHV-Revision verbunden, die das BG vom 19. Dezember 1963, in Kraft ab 1. Januar 1964, einführte[197]. Davon seien einige erwähnt: Alt- und Neurenten wurden mindestens um ein Drittel erhöht. Das Rentenalter für Frauen sank von 63 auf 62 Jahre. Die Altersrentner erhielten fortan Zusatzrenten für die 45 - 60jährigen Ehefrauen, die 40 % der einfachen Altersrente betrugen, und für minderjährige oder in Ausbildung begriffene Kinder. Die sinkende Beitragsskala wurde zugunsten der Selbständigerwerbenden mit geringerem Einkommen ein weiteres Mal durch Erhöhung der Einkommensgrenzen geändert. Der Beitragssatz von 4 % blieb unverändert. Hingegen erhöhte der Gesetzgeber den Beitrag der öffentlichen Hand erheblich.

Die erwarteten Mehrausgaben übertrafen jene aller bisherigen Revisionen zusammen.

Verfassungsinitiativen des Schweizerischen Komitees der Vereinigung der Alters-, Hinterlassenen- und Invalidenrentner vom 7. Juni 1962 und des Schweizerischen Beobachters vom 12. Juli 1962 hatten die Revision ausgelöst. Sie wurden 1965 zurückgezogen[198].

---

[194] Müller, AHV, S. 80; Salathé, SZS 1960, S. 223.
[195] BBl. 1961 I, S. 213; AS 1941, S. 491; Müller, AHV, S. 80 ff.; Achermann, SZS 1962, S. 297.
[196] Müller, AHV, S. 80 und 165.
[197] BBl. 1963 II, S. 517; AS 1964, S. 285; Müller, AHV, S. 87 ff.; Achermann, SZS 1964, S. 297 ff. — Die Botschaft umschreibt erstmals das Drei-Säulen-Prinzip: Müller, S. 87.
[198] Müller, AHV, S. 87 und 165.

Ein BG vom 6. Oktober 1966, in Kraft gesetzt auf den 1. Januar 1967, erhöhte die Renten zum Ausgleich der Teuerung linear um 10 %. Es handelt sich um eine nichtnumerierte AHV-Revision[199].

h) Am 25. August 1966 reichte der Christlichnationale Gewerkschaftsbund eine Verfassungsinitiative ein. Mit ihr forderte er u. a. eine Erhöhung der Renten um ein Drittel sowie die jährliche Anpassung der Renten an die Teuerung (Indexierung) und an die reale Einkommensentwicklung (Dynamisierung). Damit gab er den Anstoß für die 7. AHV-Revision vom 4. Oktober 1968, in Kraft seit 1. Januar 1969[200]. Durch sie wurden rund 80 Gesetzes- und Verordnungsartikel zur AHV betroffen. Von den zahlreichen Änderungen seien folgende genannt: Die Neurenten wurden, verglichen mit der 6. AHV-Revision, um 50 - 60 % und die Altrenten um ein Drittel erhöht. Erstmals unterschied der Gesetzgeber damit zwischen Alt- und Neurenten. Die Mindest- und Höchstrenten setzte er nunmehr bei den Altrenten auf 200/320 Fr. und bei den Neurenten auf 200/400 Fr. monatlich fest. Er führte das Institut der aufgeschobenen Altersrente ein, das keine große Bedeutung erlangte. Auch jene hilflosen Alten bekamen eine Hilflosenentschädigung, welche vor Erreichen des Rentenalters keine solche der IV bezogen hatten. Das Verhältnis zwischen Renten und Preisen sollte künftig spätestens alle drei Jahre und jenes zwischen Renten und Erwerbseinkommen alle sechs Jahre untersucht werden. Erstmals erhöhte der Gesetzgeber die Beitragssätze, und zwar von 4 auf 5,2 %. Den Selbständigerwerbenden gewährte er einen bescheidenen Beitragsrabatt von 0,6 %, so daß sie nicht 5,2 %, sondern 4,6 % zu entrichten hatten. Überdies milderte er die sinkende Beitragsskala. Die Beiträge der Nichterwerbstätigen erhöhte er stark — sie wurden mehr als verdreifacht — und betrugen nunmehr zwischen 40 und 2.000 Fr. jährlich. Die Beiträge der öffentlichen Hand regelte er neu. Er traf schließlich eine Maßnahme, die der besseren Koordination zwischen den einzelnen Zweigen diente: Betriebsunfallrenten der SUVA und Renten der Militärversicherung waren zu kürzen, soweit sie zusammen mit den AHV-Renten den entgangenen mutmaßlichen Jahresverdienst überstiegen[201].

---

[199] AS 1967, S. 19; Gfeller, SZS 1968, S. 60; Büchi, SZS 1967, S. 227; Müller, AHV, S. 93.

[200] BBl. 1968 I, S. 602; AS 1969, S. 111; Gfeller, SZS 1970, S. 37 ff.; Müller, AHV, S. 103 ff.

[201] Durch eine Gesetzesänderung vom 27. September 1973, in Kraft ab 1. Januar 1974, wurde eine entsprechende Regelung auch für die Renten aus Nichtbetriebsunfällen getroffen. BBl. 1973 II, S. 571. — Die Botschaft befaßte sich erstmals auch mit Vorschlägen, die Nationalrat Dr. A. C. Brunner zur Umstrukturierung des Rentensystems vorbrachte. Weitere Vorschläge machte er in den folgenden Jahren und bereicherte damit die Diskussion über die AHV. Freilich hat der Gesetzgeber sie zur Hauptsache abgelehnt. Zahlreiche Hinweise bei Müller, AHV, S. 94, 98 ff. usw.

Mit einem BG vom 24. September 1970, in Kraft ab 1. Januar 1971, wurden die AHV-Renten linear um 10 % erhöht. Es handelt sich nicht um eine numerierte Revision[202].

i) Mit der Annahme des neuen Art. 34quater BV hatte das Volk den Weg für die künftige Ausgestaltung der AHV vorgezeichnet: Die Renten sollten den Existenzbedarf decken, während sie früher nur die Basis bildeten, auf der zusätzliche Leistungen aufgestockt werden mußten, bis die Existenzsicherung erreicht war. Mit der 8. AHV-Revision vom 30. Juni 1972, teilweise in Kraft gesetzt zum 1. Januar 1973[203], erreichten die Bundesbehörden das neue Ziel weitgehend. Der Ausbau erfolgte in zwei Etappen. Ab 1. Januar 1973 betrug die einfache Altersrente mindestens 400 (bisher 220) und höchstens 800 (bisher 440) Fr. monatlich. Die zweite Erhöhung trat auf den 1. Januar 1975 in Kraft. Sie war auf 25 % angesetzt, so daß die Mindestrente 500 und die Höchstrente 1.000 Fr. monatlich ausmachte. Die Altrenten wurden den Neurenten angepaßt[204].

Die massive Erhöhung der Renten ließ es ratsam erscheinen, die Relation einzelner Rentenarten zu der einfachen Altersrente anzupassen. Die Ehepaar-Altersrente betrug nunmehr 150 % (bisher 160 %) und die Zusatzrente für die Ehefrau 35 % (bisher 40 %) der einfachen Altersrente. Die Ansätze für Witwen-, Kinder- und Waisenrenten blieben unverändert.

Die versicherungsrechtliche Stellung der Frau wurde durch die 8. AHV-Revision verbessert. So kann die Frau seither jederzeit ohne Angabe von Gründen verlangen, daß die Hälfte der Ehepaar-Altersrente ihr selbst ausgerichtet wird. Die Stellung der Witwe und der geschiedenen Frau erfuhr in einzelnen Punkten ebenfalls Verbesserungen[205].

Die Änderungen auf dem Leistungssektor machten eine Anpassung der Beitragssätze unumgänglich. Die Beiträge für Arbeitnehmer (je zur Hälfte vom Arbeitgeber und Arbeitnehmer zu tragen) wurden von bisher 5,2 % auf 7,8 % und jene für Selbständigerwerbende von 4,6 % auf 6,8 % des Erwerbseinkommens erhöht. Die sinkende Beitragsskala für Selbständigerwerbende mit kleineren Einkommen erhielt ermäßigte

---

[202] AS 1971, S. 27; Maeschi, SZS 1971, S. 268.
[203] BBl. 1971 II, S. 1057; AS 1972, S. 2483; Müller, AHV, S. 118 ff.; Maeschi, SZS 1973, S. 188 ff.
[204] Diese zweite Erhöhung hat ein BG über die Änderung zum AHVG vom 28. Juni 1974 teilweise abweichend von der 8. AHV-Revision geregelt. Es gewährte den Rentnern im Sinne einer Sofortmaßnahme überdies eine Verdoppelung der im September 1974 fälligen Rente, um dadurch die Teuerung auszugleichen. Müller, SZS 1976, S. 41.
[205] Vgl. zur heutigen Regelung Maurer, SZS 1979, S. 200 ff.

Beitragssätze²⁰⁶. Die Beiträge der Nichterwerbstätigen wurden beinahe verdoppelt; das neue Minimum betrug 89 Franken und das neue Maximum 9.000 Franken jährlich. Die öffentliche Hand sollte durch ihre Beiträge bereits ab 1978, statt erst ab 1985, ein Viertel der AHV finanzieren. Der Ausgleichsfonds durfte nach der neuen Regelung eine Jahresausgabe nicht unterschreiten.

k) Mit 1974 ging die wirtschaftliche Hochkonjunktur zu Ende und die Rezession setzte ein. Der Bund mußte zu einer stark defizitären Budgetpolitik übergehen. Er erließ 1975 - 1977 dringliche und nichtdringliche Bundesbeschlüsse, mit welchen er für diese Zeitspanne verschiedene Maßnahmen ergriff. So reduzierte er den Beitrag des Bundes an die AHV, mußte aber andererseits die Renten an die eingetretene Teuerung anpassen u. a. m. Einzelheiten aus den verschiedenen, wenig übersichtlichen Erlassen sollen hier nicht dargelegt werden²⁰⁷; erwähnt sei nur, daß die einfachen Altersrenten zum Ausgleich der Teuerung um rund 5 % erhöht wurden: die Mindestrenten betrugen ab Januar 1977 525 Fr. und die Höchstrenten 1.050 Fr. im Monat²⁰⁸.

Am 10. April 1975 reichten Progressive Organisationen der Schweiz (POCH/PSA) ein Volksbegehren auf Herabsetzung des Rentenalters für Männer von 65 auf 60 und für Frauen von 62 auf 58 Jahre ein. Es wurde in der Volksabstimmung vom 26. Februar 1978 mit starkem Mehr verworfen²⁰⁹. Die Stimmbürger waren sich bewußt, daß die Verwirklichung dieser Postulate beträchtliche Beitragserhöhungen zur Folge haben würde.

l) Bedeutsame Änderungen brachte die 9. AHV-Revision vom 24. Juni 1977, stufenweise in Kraft gesetzt ab 1. Januar 1979²¹⁰. Sie diente nicht einem erneuten Ausbau der Leistungen, sondern einer längerfristigen Konsolidierung des Sozialwerkes. Zudem regelte sie in verschiedenen Bereichen zahlreiche Einzelheiten. Da das Referendum ergriffen wurde, kam es am 26. Februar 1978 zur Abstimmung. Das Volk stimmte der Vorlage mit großem Mehr zu²¹¹.

Von den Änderungen seien folgende erwähnt²¹²: Nach Art. 33ter I AHVG hat fortan der Bundesrat Auftrag und Kompetenz, die „ordent-

---

²⁰⁶ Für Unselbständigerwerbende erhöhte der Bund die Beiträge 1973 auf 7,8 % und zum 1. Juli 1975 auf den heute geltenden Satz von 8,4 % sowie für Selbständigerwerbende zuerst auf 7,3 % und durch die 9. AHV-Revision auf den heutigen Satz von 7,8 %.
²⁰⁷ Vgl. die Berichte von Büchi und Müller in SZS 1975, S. 135 ff., 1976, S. 40 ff., S. 265 f., 1977, S. 220 ff., 1978, S. 194 ff. und 282 ff.
²⁰⁸ Müller, SZS 1977, S. 220.
²⁰⁹ Müller, SZS 1978, S. 282 f.: 1.451.220 Nein gegen 377.017 Ja.
²¹⁰ BBl. 1976 III, S. 1; AS 1978, S. 391.
²¹¹ 1.192.144 Ja standen 625.566 Nein gegenüber. Büchi, SZS 1978, S. 284.

lichen Renten in der Regel alle zwei Jahre zum Beginn des Kalenderjahres der Lohn- *und* Preisentwicklung" anzupassen, indem er den Rentenindex neu festsetzt. Dieser „ist das arithmetische Mittel des vom Bundesamt für Industrie, Gewerbe und Arbeit ermittelten Lohnindexes und des Landesindexes der Konsumentenpreise" (Abs. 2). „Der Bundesrat kann die ordentlichen Renten früher anpassen, wenn der Landesindex der Konsumentenpreise innerhalb eines Jahres um mehr als 8 % angestiegen ist; er kann sie später anpassen, wenn dieser Index innerhalb von zwei Jahren um weniger als 5 % angestiegen ist" (Abs. 4). In zwei Anhängen, die sich in den Übergangsbestimmungen zur 9. AHV-Revision finden, werden die Rentenanpassungen für die AHV und die IV geregelt. Somit sind die Renten teilweise dynamisiert worden, indem sie durch den Renten- oder Mischindex auch der Lohnentwicklung angepaßt werden. Man spricht von einer „prozentualen Dynamik"[213]. Der Bundesrat hat durch VO vom 17. September 1979 erstmals eine Rentenanpassung nach der neuen Regelung vorgenommen und die einfache Altersrente auf 1. Januar 1980 auf mindestens 550 Fr. und die Höchstrente auf 1.100 Fr. monatlich festgesetzt[214].

Die 9. AHV-Revision ordnet den Beitrag des Bundes neu. Sie führt überdies eine beschränkte Beitragspflicht der Altersrentner ein, die erwerbstätig sind[215]. Immerhin sieht sie einen Freibetrag von monatlich 750 Fr. vor. Die Beiträge der Nichterwerbstätigen verdoppelt sie.

Das Grenzalter für eine Zusatzrente der Ehefrau wird von 45 auf 55 Jahre hinaufgesetzt. Die Zusatzrente beträgt nur noch 30 % (bisher 35 %) der einfachen Altersrente. Die Ehepaar-Altersrente wird künftig erst ausgerichtet, wenn die Ehefrau das 62. Altersjahr erfüllt hat (bisher 60). Die AHV gibt auch Hilfsmittel an invalide Altersrentner ab. Sie wird überdies Beiträge zur Förderung der Altershilfe gewähren. Bereits ab 1. Januar 1975 leistet sie Baubeiträge an Altersheime.

Bei Erlaß des AHVG war — wohl versehentlich — keine Regelung für den Fall getroffen worden, daß durch das gleiche Ereignis sowohl AHV-Renten — z. B. der Witwe und der Kinder — als auch Ersatzansprüche gegen haftpflichtige Dritte ausgelöst werden. Die Geschädigten konnten daher diese Ansprüche kumulieren, was seit der Erhöhung der Renten durch die 8. AHV-Revision bisweilen starke Überentschädigungen zur Folge hatte. Die 9. AHV-Revision führte nun für

---

[212] Weiteres bei Büchi, SZS 1977, S. 268 ff.; Müller, SZS 1978, S. 195 ff. und Müller, AHV, S. 122.
[213] Maurer, Sozialversicherungsrecht, S. 319 f. — Der Misch- oder Rentenindex wurde für *den* Zeitpunkt auf 100 angesetzt, in welchem der Landesindex der Konsumentenpreise den Stand von 175,5 Punkten erreicht hatte.
[214] AS 1979, S. 1365. Einzelheiten bei Büchi, SZS 1979, S. 281.
[215] Eine solche Beitragspflicht wurde durch die 2. AHV-Revision aufgehoben; vgl. vorne bei Anm. 189.

die AHV und zugleich für die IV das Regreßrecht ein: Haftpflichtansprüche gehen teilweise auf die AHV/IV über, wenn und soweit diese den Schaden im Sinne des Haftpflichtrechts durch ihre Leistungen ausgleicht[216].

Die 9. AHV-Revision räumte dem Bundesrat schließlich die Kompetenz ein, zur Verhinderung ungerechtfertigter Leistungskumulationen die nötigen Vorschriften zu erlassen und das Verhältnis zu andern Sozialversicherungszweigen zu ordnen[217]. Damit schaffte sie eine Grundlage für die Verbesserung der Koordination oder Harmonisation innerhalb der Sozialversicherung.

m) Bereits haben die Vorarbeiten für die 10. AHV-Revision eingesetzt. Im Mittelpunkt sollen dabei Postulate der Frauen stehen, von denen folgende erwähnt seien: flexible Altersgrenze für die Altersrenten; Aufhebung des Instituts der Ehepaar-Altersrenten und Verselbständigung des Rentenanspruchs der Ehefrau; Überprüfung des Rentenalters der Ehefrau, das zu überdenken ist, wenn die flexible Altersgrenze nicht eingeführt wird. Auch die Altersrenten der geschiedenen Frauen sollten neu geregelt werden[218].

n) Beinahe jede AHV-Revision hat Änderungen in andern Zweigen der Sozialversicherung mit sich gebracht. Am stärksten berührt wurde in der Regel die IV, da sie eng mit der AHV verbunden ist.

III. Militärversicherung[219]

1. Teilrevision des MVG durch Bundesratsbeschluß vom 27. April 1945

Verschiedene Bemühungen des Bundes, ein neues Militärversicherungsgesetz zu erlassen, blieben zwischen den beiden Weltkriegen ohne Erfolg. So galten denn während des Zweiten Weltkrieges immer noch das Bundesgesetz von 1901 und einige Bestimmungen des Bundesgesetzes von 1914 nebeneinander. Der Bundesrat machte jedoch von seinen Vollmachten Gebrauch und ergänzte das bestehende Recht. Im September 1944 legte der Chef des Eidg. Militärdepartementes den Entwurf zu einem neuen Gesetz vor, der von einer Expertenkommission überarbeitet wurde. Sie kam zum Ergebnis, daß eine Totalrevision des MVG

---

[216] Näheres zum schwierigen Regreß- oder Subrogationsrecht in der Sozialversicherung bei Maurer, Anm. 213, § 20; derselbe, Kumulation und Subrogation, S. 45 ff.

[217] Müller, SZS 1978, S. 197; Maurer, Anm. 213, § 21.

[218] Büchi, SZS 1979, S. 281; Maurer, SZS 1979, S. 207.

[219] Vgl. vorne bei Anm. 23 und 124. Näheres zur Geschichte bei Furrer, Entstehung und Entwicklung, S. 28 ff. und Bassegoda, Militärversicherung, S. 11 ff.

innert nützlicher Frist nicht möglich sei, weshalb zuerst nur die dringlichsten Postulate verwirklicht werden sollten. Diesem Vorschlag folgte der Bundesrat und faßte, gestützt auf seine Vollmachten, den Bundesratsbeschluß vom 27. April 1945 betreffend Teilrevision des MVG.

2. Das MVG vom 20. September 1949

Im Auftrage des Eidg. Militärdepartementes arbeitete Bundesrichter Dr. Arnold kurz nach dem Kriege einen weiteren Gesetzesentwurf aus. Der Bundesrat ließ diesen mit Botschaft vom 22. September 1947 der Bundesversammlung zugehen, welche am 20. September 1949 das heute noch geltende MVG verabschiedete. Da das Referendum nicht ergriffen wurde, konnte es zum 1. Januar 1950 in Kraft gesetzt werden[220].

3. Leistungsanpassungen durch Teilrevisionen des MVG

Das MVG ist seither durch fünf Teilrevisionen geändert worden[221]. Diese dienten vorwiegend dazu, die Leistungen an die eingetretene Teuerung anzupassen. Besonders erwähnt sei die Revision vom 19. Dezember 1963. Mit ihr hat der Bund das haftpflichtrechtliche Institut der Genugtuung im MVG und damit in der Sozialversicherung eingeführt (Art. 40bis). Das MVG ist einige Male auch durch andere Bundesgesetze berührt worden. So hat Art. 48 des Zivilschutzgesetzes vom 23. März 1962 bestimmt, daß die im Zivilschutz Dienst leistenden Personen bei der MV versichert sind.

4. Vorarbeiten für ein neues MVG

In die Zeit von 1972 bis 1976 fallen Vorarbeiten für ein neues Gesetz. Zuerst hat die Abteilung — heute: Bundesamt — für Militärversicherung einen Vorentwurf verfaßt. Sodann hat eine Expertenkommission dem Eidg. Militärdepartement 1976 ihren Schlußbericht abgeliefert[222]. Seither ist nun aber der Gedanke an eine Total- oder auch nur eine Teilrevision des Gesetzes aufgegeben worden[223].

---

[220] BBl. 1947 III, S. 97; AS 1949, S. 1697; SR 833.1.
[221] Bassegoda, Anm. 219, S. 13 zählt sie auf.
[222] Verfasser ist Prof. Dr. E. Fischli. Maurer, Anm. 213, S. 104.
[223] Büchi, SZS 1976, S. 195 und 1977, S. 282.

IV. Arbeitslosenversicherung[224]

1. Gesetzgebungsbefugnis des Bundes

Am 6. Juli 1947 nahm das Volk die neuen Wirtschaftsartikel der Bundesverfassung und zugleich Art. 34ter an. Dieser räumte dem Bund die Gesetzgebungsbefugnis auf dem Gebiete der Arbeitslosenversicherung und Arbeitslosenfürsorge ein, freilich mit starken Einschränkungen, indem z. B. die Kantone allein weiterhin kompetent waren, öffentliche Arbeitslosenkassen zu errichten und ein Obligatorium einzuführen.

2. Bundesgesetz vom 22. Juni 1951

Der Bund setzte, nachdem er die neue Kompetenz besaß, nacheinander verschiedene Expertenkommissionen ein, welche Entwürfe für ein Arbeitslosenversicherungsgesetz ausarbeiteten. Dabei konnten sie auf dem bundesrätlichen Vollmachtenbeschluß vom 14. Juli 1942 aufbauen, da er sich weitgehend bewährt hatte. Mit seiner Botschaft vom 16. August 1950 leitete der Bundesrat der Bundesversammlung seinen Entwurf zu einem neuen Gesetz zu. Diese verabschiedete ihn am 22. Juni 1951. Da die Referendumsfrist nicht benutzt wurde, konnte das Gesetz am 1. Januar 1952 in Kraft treten[225]. Die Arbeitslosenversicherung spielte in den beiden folgenden Jahrzehnten wegen der Hochkonjunktur freilich keine große Rolle. In den Jahren 1971 und 1972 erreichte ihre Beanspruchung den tiefsten Stand, da sie nur je 1.000 Versicherten Taggelder entrichtete[226].

3. Obligatorische Arbeitslosenversicherung gem. Bundesbeschluß vom 8. Oktober 1976 („Übergangsordnung")

Allein die gesetzliche Regelung erwies sich beim Einbruch der Rezession im Jahre 1975 als ungenügend. Die Bundesversammlung ergriff daher durch dringlichen Bundesbeschluß zahlreiche Maßnahmen. Am 13. Juni 1976 nahm das Volk einen neuen Art. 34novies BV über die Arbeitslosenversicherung an, der die einschlägigen Bestimmungen des bisherigen Art. 34ter ersetzte. Er erklärt die Arbeitslosenversicherung von Bundes wegen für alle Arbeitnehmer obligatorisch. Die Bundesversammlung hat mit Bundesbeschluß vom 8. Oktober 1976 die Einführung der obligatorischen Arbeitslosenversicherung für alle Arbeitnehmer durch die sog. Übergangsordnung beschlossen, die auf fünf Jahre befristet ist[227].

---

[224] Vgl. bereits vorne bei Anm. 19, B II und C III.
[225] BBl. 1950 II, S. 525; AS 1951, S. 1163; SR 837.1. Weiteres zur Geschichte bei Holzer, Kommentar, S. 17 ff. und Furrer, Anm. 52, S. 130 ff.
[226] Saxer, Soziale Sicherheit, S. 210 (Tabelle).

V. Familienzulageordnung[228]

1. Artikel 34 quinquies BV

Am 13. Mai 1942 reichte das Aktionskomitee „Für die Familie" eine Verfassungsinitiative ein, wonach dem Bund die Befugnis für die Gesetzgebung über den Familienschutz eingeräumt werden sollte. Die Initiative veranlaßte die Bundesversammlung, einen Gegenentwurf auszuarbeiten. Dieser wurde in der Volksabstimmung vom 26. November 1945 als Art. 34 quinquies BV angenommen. Gemäß Abs. 2 kann der Bund Familienausgleichskassen errichten und den Beitritt allgemein oder für einzelne Bevölkerungskreise obligatorisch erklären. Er ist somit kompetent, Kinder- und Familienzulageordnungen einzuführen. Die Initiative wurde zurückgezogen.

2. Das Bundesgesetz vom 20. Juni 1952

Der Bund hat den bundesrätlichen Vollmachtenbeschluß vom 9. Juni 1944 betreffend die Familienzulageordnung für die Landwirtschaft nach dem Kriege ins ordentliche Recht überführt, nämlich zunächst einmal mit den Bundesbeschlüssen vom 20. Juni 1947 und vom 22. Juni 1949. Auf diese Weise gewann er Zeit für den Erlaß des auch heute noch geltenden BG vom 20. Juni 1952, das freilich seither verschiedene kleine Revisionen erfahren hat[229].

3. Keine umfassende Regelung des Bundes

Der Bundesrat beauftragte am 16. August 1957 eine Expertenkommission mit der Prüfung der Frage, ob eine bundesrechtliche Ordnung der Familienzulagen zu schaffen sei. Die Kommission befürwortete in ihrem Bericht vom 27. Februar 1959 den Erlaß eines allgemeinen „Bundesgesetzes über die obligatorische Ausrichtung von Kinderzulagen an Arbeitnehmer". Allein diese Anregung stieß weiterum auf Ablehnung. Das Eidg. Departement des Innern griff den Gedanken später wieder auf und holte am 11. November 1968 die Stellungnahme der Kantone und Spitzenverbände ein. Die Vernehmlassungen ergaben, daß kein Bedürfnis nach einem solchen Bundesgesetz bestehe, da die kantonalen Ordnungen ausreichten. Somit blieb es dabei, daß der Bund nur für einen kleinen Teil der Bevölkerung, nämlich für landwirtschaftliche Arbeitnehmer und Kleinbauern, Familien- und Kinderzulagen zu ent-

---

[227] Vgl. vorne bei Anm. 19; SR 837.100. Das zuständige Departement hat bereits den Entwurf für ein neues Arbeitslosenversicherungsgesetz ausgearbeitet und das Vernehmlassungsverfahren eingeleitet.
[228] Vgl. bereits vorne bei Anm. 21 und C IV.
[229] Vgl. vorne bei Anm. 21 und 166. — SR 836.1.

richten hat. Besondere Regelungen bestehen für die Bundesbeamten, die aber dem Beamtenrecht zuzuzählen sind[230].

VI. Erwerbsersatzordnung[231]

Bei der Revision der Wirtschaftsartikel der Bundesverfassung — angenommen in der Volksabstimmung vom 6. Juli 1947 — ist auch Art. 34ter neu gefaßt worden. Er räumt dem Bund u. a. die Kompetenz ein, Vorschriften über den Ersatz des Lohn- und Verdienstausfalles infolge Militärdienstes zu erlassen. Damit war der Bund befugt, die während des Krieges durch verschiedene bundesrätliche Vollmachtenbeschlüsse geregelte Materie in die ordentliche Gesetzgebung überzuführen. Mit dem BG über die Erwerbsausfallentschädigung an Wehrpflichtige (Erwerbsersatzordnung, EOG) vom 25. September 1952[232] faßte er die vier Entschädigungssysteme zu einem einheitlichen Entschädigungssystem zusammen[233]. Das Gesetz wurde durch mehrere Revisionen den veränderten wirtschaftlichen Verhältnissen angepaßt. Art. 22 bis BV, angenommen in der Volksabstimmung vom 24. Mai 1959, übertrug dem Bund sodann die Befugnis zur Gesetzgebung über den Zivilschutz (Zivilschutzartikel). Am 23. März 1962 stimmten die eidg. Räte dem BG über den Zivilschutz zu (Zivilschutzgesetz)[234]. Es gewährt den Zivilschutzpflichtigen Anspruch auf Erwerbsausfallentschädigung. Das EOG erhielt erst durch die Revision vom 18. Dezember 1968 einen entsprechend geänderten Namen. Dieser wurde durch die Revision vom 3. Oktober 1975 ein weiteres Mal geändert; der Titel lautet nunmehr „BG über die Erwerbsersatzordnung für Wehr- und Zivilschutzpflichtige"[235].

VII. Invalidenversicherung[236]

1. Entstehung des IVG

Nach der ursprünglichen Fassung von Art. 34quater BV war der Bund zwar verpflichtet, die Alters- und Hinterlassenenversicherung einzurichten, hingegen war er lediglich befugt — also nicht verpflichtet —, „auf einen späteren Zeitpunkt auch die Invalidenversicherung einzu-

---

[230] Vgl. Saxer, Soziale Sicherheit, S. 195 ff.; Tschudi, SZS 1977, S. 191 f.; Maurer, Anm. 213, S. 105; Vasella, SZS 1971, S. 127 ff.

[231] Vgl. vorne bei Anm. 18 und C II.

[232] BBl. 1951 III, S. 297; AS 1952, S. 1021; SR 834.1.

[233] Vgl. vorne bei Anm. 163.

[234] Kurztitel, eingeführt durch BG vom 7. Oktober 1977, AS 1978, S. 50; SR 520.1.

[235] Gfeller, SZS 1970, S. 46; Müller, SZS 1976, S. 295; Saxer, Soziale Sicherheit, S. 222.

[236] Vgl. vorne bei Anm. 15.

führen". Nachdem sich die AHV eingespielt hatte, konnte der Bundesrat die Vorarbeiten für die Invalidenversicherung an die Hand nehmen. Am 13. September 1955 bestellte er eine Expertenkommission, die ihren Bericht unter dem Datum des 30. November 1956 ablieferte. Er diente dem Bundesrat als Grundlage für seinen Gesetzesentwurf, den er der Bundesversammlung mit Botschaft vom 24. Oktober 1958 unterbreitete[237]. Die Bundesversammlung verabschiedete auch diese Vorlage erstaunlich speditiv, nämlich am 19. Juni 1959 als BG über die Invalidenversicherung. Die enge Verbindung der IV mit der AHV hinsichtlich Organisation, Finanzierung und Renten erleichterte die gesetzgeberischen Arbeiten entscheidend. Das Referendum wurde nicht ergriffen. Das Gesetz konnte daher bereits auf den 1. Januar 1960 in Kraft gesetzt werden[238]. Freilich mußte der Bundesrat zuvor, nämlich am 13. Oktober 1959, einen Beschluß über die Einführung der IV erlassen, der in erster Linie bezweckte, die Organe bereitzustellen, welche für die Durchführung der IV noch fehlten, nämlich die IV-Kommissionen und die IV-Regionalstellen. Die eigentlichen Vollzugsvorschriften aber fehlten und mußten noch ausgearbeitet werden. Dies geschah — was aus heutiger Sicht eher verwunderlich erscheint — erst nach Inkrafttreten des Gesetzes, nämlich am 17. Januar 1961: Die VO des Bundesrates über die IV regelt in 117 Artikeln die weitschichtige Materie[239].

Art. 85 IVG hat für Personen, die am 1. Januar 1960 bereits invalid waren, eine recht glückliche Lösung getroffen; sie wurden als „nach Maßgabe der gesetzlichen Bestimmungen anspruchsberechtigt" versichert. „Dabei wird angenommen, die Invalidität sei im Zeitpunkt des Inkrafttretens dieses Gesetzes eingetreten". Hätte der Gesetzgeber Leistungen nur für die nach dem erwähnten Datum invalid gewordenen Personen vorgesehen, so wäre die IV während Jahrzehnten nie voll wirksam geworden. So sind denn den IV-Kommissionen 1960 schon 91.523 Anmeldungen zugegangen, 1961 nur noch 48.453. Im übrigen zeigte sich, daß es in der Schweiz viel mehr Invalide gab, als die Behörden bei der Ausarbeitung des Gesetzes angenommen hatten[240].

2. Änderungen des IVG

Die Änderungen der AHV-Gesetzgebung wirkten sich regelmäßig auch auf die IV aus, so daß z. B. deren Renten im Verlaufe der Zeit stark erhöht wurden. Allein die IV-Gesetzgebung hat daneben auch

---

[237] BBl. 1958 II, S. 1137; AS 1959, S. 827; SR 831.20.
[238] Granacher, SZS 1960, S. 64 f. und Salathé, SZS 1960, S. 224 f.
[239] AS 1961, S. 29; SR 831.201; Granacher, SZS 1961, S. 71 f.; Achermann, SZS 1962, S. 298.
[240] Graf, SZS 1962, S. 161, 165 mit zahlreichen Hinweisen über die Einführung der IV.

eine größere selbständige Revision erfahren. Eine vom Eidg. Departement des Innern im Herbst 1964 eingesetzte Expertenkommission hatte Fragen zu prüfen, die sich im Hinblick auf eine Revision stellten. Ihr Bericht wurde im September 1966 veröffentlicht. Der Bundesrat übernahm in seiner Botschaft vom 27. Februar 1967 an die Bundesversammlung und in seinem Gesetzesentwurf die meisten Vorschläge. Das Gesetz konnte am 5. Oktober 1967 verabschiedet und zum 1. Januar 1968 in Kraft gesetzt werden[241]. Die Revision beschlug beinahe alle Sachgebiete der IV, ohne freilich deren Struktur anzutasten. Sie führte zu einer Änderung von rund 100 Artikeln des IVG und der IVV[242].

3. Der neue Artikel 34 quater BV und die IV

Art. 34 quater BV, der in der Volksabstimmung vom 3. Dezember 1972 angenommen worden ist[243], bildet nunmehr sowohl für die Alters- und Hinterlassenen- als auch für die Invalidenvorsorge die verfassungsrechtliche Grundlage. Das mit ihm festgelegte Drei-Säulen-Prinzip gilt somit auch für die IV. Ausdrücklich erwähnt sei sein Abs. 7: „Der Bund fördert die Eingliederung Invalider ..." Damit hat der Eingliederungsgedanke auch in der Bundesverfassung seinen Niederschlag gefunden[244].

VIII. Krankenversicherung[245]

1. Grundlegende Revision vom 13. März 1964

Seit dem Inkrafttreten des KUVG versuchte das zuständige Departement des Bundesrates verschiedentlich, den die Krankenversicherung betreffenden ersten Titel zu revidieren. Revisionsentwürfe von 1921 und 1954, die auf seine Veranlassung ausgearbeitet worden waren, scheiterten[246]. Nachdem die IV eingeführt war, nahm das Eidg. Departement des Innern seine Bemühungen wieder auf, verfaßte Grundsätze für die Revision der Krankenversicherung und stellte sie mit einem erläuternden Bericht vom 25. Mai 1960 den Kantonen und Verbänden zur Vernehmlassung zu[247]. Hierauf konnte der Bundesrat der Bundesversamm-

---

[241] BBl. 1967 I, S. 653; AS 1968, S. 29; Büchi, SZS 1967, S. 231 und 1966, S. 213.

[242] Büchi, SZS 1968, S. 278 und Gfeller, SZS 1969, S. 42. — Das IVG ist auch später in einzelnen wenigen Punkten, losgelöst von einer AHV-Revision, geändert worden, z. B. durch BG vom 9. Oktober 1970 (AS 1971, S. 54). Auch die IVV hat verschiedene kleinere Änderungen erfahren und ebenso die VO über Geburtsgebrechen. Überblick bei Büchi, SZS 1974, S. 144.

[243] Vgl. vorne bei Anm. 182.

[244] Die hinten unter Z. IX skizzierte Ordnung der Ergänzungsleistungen gilt sowohl für die AHV als auch für die IV.

[245] Vgl. bereits vorne bei Anm. 10 und A III 2.

[246] Achermann, SZS 1966, S. 54.

[247] Granacher, SZS 1961, S. 73 und SZS 1960, S. 65 (Entstehungsgeschichte).

lung mit seiner Botschaft vom 5. Juni 1961 den Entwurf eines BG betreffend die Änderung des ersten Titels des KUVG vorlegen. Darin hatte er das sogenannte Arztrecht, das die Dreiecksbeziehungen zwischen Krankenkassen, Versicherten und Ärzten umfaßt, ausgeklammert, da es die Vorlage nach seiner Auffassung zu sehr gefährdet hätte. Allein der Ständerat wünschte Vorschläge zu dessen Regelung. Dem Eidg. Departement des Innern gelang es, durch Verhandlungen mit Vertretern der Ärzteschaft und den Krankenkassen eine Kompromißlösung zu finden, die dann aber später von der Schweizerischen Ärztekammer abgelehnt wurde. Der Bundesrat unterbreitete der Bundesversammlung mit seiner Ergänzungsbotschaft vom 16. November 1962[248] einen Entwurf für die Neuordnung des Arztrechts, der vom Parlament noch in einigen Punkten geändert wurde. Das Änderungsgesetz konnte am 13. März 1964 verabschiedet werden. Die Klippe des Referendums hat es unangefochten passiert. Mit ihm ist das KUVG erstmals seit seinem Erlaß im Jahre 1911 hinsichtlich der Krankenversicherung einer tiefgreifenden Revision unterzogen worden. Zahlreiche Vollzugserlasse waren ebenfalls zu ändern. Die Krankenkassen mußten ihre Statuten und Reglements bis spätestens am 1. Januar 1966 dem neuen Recht anpassen. Erst zu diesem Zeitpunkt gelangte das Änderungsgesetz zu voller Wirksamkeit, obwohl es zur Hauptsache bereits am 1. Januar 1965 in Kraft getreten war[249].

2. *Neuordnung der Rechtspflege*

Die Novelle hat besonders für die Versicherten zahlreiche Verbesserungen gebracht, die sich z. B. auf die Freizügigkeit, die gesetzlichen Mindestleistungen, das komplizierte Arztrecht[250], die Beiträge der öffentlichen Hand usw. beziehen. Von größter Tragweite ist die Neuordnung der Rechtspflege. An die Stelle der bisherigen Rechtszersplitterung, die mit einer bedenklichen Rechtsunsicherheit verbunden war, trat eine weitgehende Vereinheitlichung durch Bundesrecht. So sind Streitigkeiten zwischen Versicherten und Krankenkassen nunmehr in erster Instanz durch die kantonalen Versicherungsgerichte und in zweiter, oberster Instanz durch das Eidg. Versicherungsgericht zu entscheiden. Die anerkannten Krankenkassen haben die Kompetenz zum Erlaß von Verfügungen und damit — von Bundes wegen — hoheitliche Gewalt erhalten, ähnlich der öffentlichen Verwaltung[251].

---

[248] Botschaft vom 5. Juni 1961 und Ergänzungsbotschaft vom 16. November 1962 in BBl. 1961, S. 264 und 1962, S. 646. Büchi, SZS 1963, S. 151 f. und Granacher, SZS 1962, S. 222 f.
[249] AS 1964, S. 965; Achermann, SZS 1966, S. 53 ff.
[250] Vgl. z. B. Maurer, Grundriß, S. 40 ff.
[251] Maurer, Sozialversicherungsrecht, S. 106 f.

3. „Flimsermodell"

In den der Revision von 1964 folgenden Jahren wurde durch zahlreiche parlamentarische Vorstöße eine weitere grundlegende Änderung des KUVG verlangt. Das Eidg. Departement des Innern beauftragte daher eine große Expertenkommission — sie umfaßte 55 Mitglieder — damit, Vorschläge für eine Neuordnung der Krankenversicherung auszuarbeiten. Sie erstattete am 11. Februar 1972 einen einläßlichen schriftlichen Bericht. Ihre Vorschläge sind unter dem Namen „Flimsermodell" bekanntgeworden, da sie die meisten ihrer Sitzungen am Kurort Flims abgehalten hatte. Sie wollte ein Bundesobligatorium für Teilbereiche einführen, so namentlich für die Spitalversicherung und die Krankengeldversicherung. Dieses „Flimsermodell" regte zahlreiche Bevölkerungsgruppen an, eigene Modelle — insgesamt gegen ein Dutzend — auszuarbeiten[252].

4. Das doppelte Nein vom 8. Dezember 1974

Noch bevor der erwähnte Kommissionsbericht vorlag, nämlich am 31. März 1970, reichte die Sozialdemokratische Partei der Schweiz eine Verfassungsinitiative „für eine soziale Krankenversicherung" ein, mit welcher sie einen neuen Art. 34bis forderte. Dieser enthielt ein weitreichendes Programm zur Neuordnung der Krankenversicherung, das ebenfalls in mehrfacher Hinsicht ein Bundesobligatorium vorsah. Die Bundesversammlung hat in der Folge einem Gegenvorschlag für die Neufassung von Art. 34bis zugestimmt und darin wesentliche Punkte sowohl des „Flimsermodells" als auch des gerade erwähnten Volksbegehrens übernommen. Allein das Volk hat in der Abstimmung vom 8. Dezember 1974 ein doppeltes Nein ausgesprochen und damit sowohl das Volksbegehren als auch den Gegenvorschlag abgelehnt. Es wünschte jedenfalls in der Krankenpflegeversicherung kein Bundesobligatorium. Auch eine neue Expertenkommission drang mit ihrem Bericht vom 5. Juli 1977 nicht durch[253]. Sie wollte als zusätzliche Finanzierungsquelle für die Krankenpflegeversicherung die Erhebung eines Lohnprozentes einführen. Gegen diese entstand eine große Opposition. Das Eidg. Departement des Innern ließ das Postulat daher fallen. Unter dem Titel „Teilrevision Krankenversicherung" veröffentlichte es den „Bericht und Vorentwurf 1978". Es strebt nunmehr „keine systematische Neugestaltung der Krankenversicherung an, sondern beschränkt sich auf Verbesserungen im heutigen System, und zwar im Bereich der versicherten Personen, der Leistungen, der Kostendämpfung und der Finanzierung".

---

[252] Maurer, Grundriß, S. 53 ff.; derselbe, Sozialversicherungsrecht, S. 107.
[253] Büchi, SZS 1977, S. 276 und 1978, S. 290; Tschudi, SZS 1977, S. 186 ff.; Maurer, Sozialversicherungsrecht, S. 107.

Es ist vorgesehen, daß der Bundesrat im Jahre 1981 der Bundesversammlung Botschaft und Entwurf zu einer Teilrevision des KUVG vorlegen wird[254].

IX. Ordnung der Ergänzungsleistungen zur AHV/IV[255]

1. Das Bundesgesetz vom 19. März 1965

Nach der ursprünglichen Konzeption sollte die AHV/IV lediglich eine Basisversicherung sein. Zu ihren Renten müßten danach weitere Leistungen hinzukommen, damit der Rentner über das zum Leben notwendige Einkommen verfüge. Zu denken war an die betriebliche Vorsorge, also an Pensionskassen usw. Allein es war auch nach der Einführung der AHV/IV völlig ungewiß, wann ein entsprechendes Bundesgesetz vorliegen würde. Daher drängte sich eine Lösung auf, die sich ziemlich rasch verwirklichen ließ. Sie bot sich mit der Idee der Ergänzungsleistungen an. Solche sollte bekommen, wer trotz AHV/IV-Renten noch „bedürftig" war. Das BG über Ergänzungsleistungen zur AHV/IV vom 19. März 1965[256] wurde als Subventionsgesetz erlassen: Der Bund gewährt den Kantonen Beiträge, wenn sie den AHV/IV-Rentnern, die bestimmte Einkommens- und Vermögensgrenzen nicht erreichen, Ergänzungsleistungen entrichten. Der grundsätzliche Unterschied zwischen ordentlichen AHV/IV-Renten und diesen Ergänzungsleistungen besteht also darin, daß diese im Gegensatz zu jenen an den Nachweis des Bedürfnisses gebunden sind. Sie nähern sich damit stark dem Gedanken der Fürsorge, von der sie sich noch dadurch unterscheiden, daß sie „genormt", gesetzlich so fixiert sind, daß ihre Höhe im einzelnen Fall bestimmbar ist.

Es ist nicht daran zu zweifeln, daß die Ergänzungsleistungen einem großen sozialen Bedürfnis entsprochen und sich für ungezählte Menschen als Wohltat erwiesen haben; allein ihr Stachel, der Nachweis der Bedürftigkeit, hat viele Leistungsempfänger geschmerzt und zahlreiche Berechtigte davon abgehalten, Leistungen zu beanspruchen, die ihnen an sich zugestanden wären. Seitdem die ordentlichen Vollrenten den Existenzbedarf decken, ist die Bedeutung der Ergänzungsleistungen stark zurückgegangen. Immerhin leben in der Schweiz doch noch zahlreiche Personen, die keine Voll-, sondern nur Teilrenten beziehen. Sie sind nach wie vor oft auf Ergänzungsleistungen angewiesen[257].

---

[254] Büchi, SZS 1979, S. 292 stellt die Revisionspunkte zusammen.
[255] Vgl. bereits vorne bei Anm. 17.
[256] BBl. 1964 II, S. 681 (Botschaft vom 21. September 1964); AS 1965, S. 537; SR 831.30.
[257] Maurer, SZS 1979, S. 194 f.: nur ungefähr 15 % aller Altersrentner beziehen zur Zeit noch Ergänzungsleistungen. — Sämtliche Kantone haben das

2. Kantonale Regelungen

Mehrere Kantone gewähren — von einer Ermächtigung des BG über Ergänzungsleistungen Gebrauch machend — zusätzlich zu den Ergänzungsleistungen Alters-, Hinterlassenen- und Invalidenbeihilfen in verschiedenen Formen, um das Los bedürftiger Rentner zu erleichtern.

3. Leistungsanpassungen

Die gesetzlichen Bestimmungen zur Festlegung des Existenzbedarfs — z. B. die Einkommensgrenzen — mußten öfters geändert und namentlich der Teuerung angepaßt werden[258]. Wenn der Bund die AHV/IV-Renten über die Teuerung hinaus erhöhte, konnte dies zur Folge haben, daß die Ergänzungsleistungen gekürzt werden mußten, was die Leistungsempfänger bisweilen mit Bitterkeit erfüllte[259].

X. Zwei wichtige Gesetzesvorlagen bei der Bundesversammlung

1. Revision der obligatorischen Unfallversicherung (UVG)[260]

a) Hinsichtlich der Unfallversicherung ist das KUVG mehrmals durch „kleine Revisionen" geändert worden, die sich auf wenige Bestimmungen beschränkten, die Strukturen jedoch nicht modifizierten. Sie dienten z. B. dazu, die Leistungen durch Erhöhung des versicherten Lohnes an die eingetretene Teuerung anzupassen. Das Bundesgesetz über Teuerungszulagen an Rentner der Schweizerischen Unfallversicherungsanstalt und des militärischen und zivilen Arbeitsdienstes vom 20. Dezember 1962 verpflichtet die SUVA, ihren Rentnern „nach Maßgabe dieses Gesetzes" Teuerungszulagen — zu bereits festgesetzten Renten — auszurichten[261].

b) Das Eidg. Departement des Innern beauftragte 1967 eine Expertenkommission, Vorschläge für eine Revision der Unfallversicherung auszuarbeiten. Sie hat ihren Bericht am 14. September 1973 abgeliefert. Mit Botschaft vom 18. August 1976 legte der Bundesrat der Bundesversammlung den Entwurf zu einem neuen Unfallversicherungsgesetz[262] vor. Er schlug — gestützt auf den erwähnten Bericht — eine

---

System der Ergänzungsleistungen übernommen. Gfeller, SZS 1968, S. 61 und Saxer, Soziale Sicherheit, S. 90 ff.

[258] Vgl. z. B. das BG betreffend Änderung des ELG vom 9. Oktober 1970 (AS 1971, S. 32) und dazu Maeschi, SZS 1971, S. 271 und Büchi, SZS 1971, S. 137.

[259] Büchi, SZS 1970, S. 138 f. und — über die jüngste Anpassung — SZS 1979, S. 291 f.

[260] Vgl. vorne bei Anm. 11 und bei Anm. 130.

[261] AS 1963, S. 272; SR 832.25; Maurer, Sozialversicherungsrecht, S. 318.

[262] BBl. 1976 III, S. 141.

Totalrevision vor, wobei die Kranken- und die Unfallversicherung je in einem besonderen Gesetz zu regeln seien[263]. Die Unfallversicherung soll nunmehr für alle Arbeitnehmer obligatorisch erklärt werden. Das bisherige Monopol der SUVA wird durch das Prinzip der Vielfach-Trägerschaft ersetzt, indem künftig auch private Versicherungsgesellschaften und Krankenkassen Träger werden können. Im Leistungsbereich wird eine verbesserte Koordination mit andern Versicherungszweigen, namentlich mit der AHV/IV angestrebt.

Der Nationalrat stimmte der Vorlage mit einigen unbedeutenden Änderungen im März 1979 zu. Die Kommission des Ständerates hat ihre Beratungen aufgenommen, aber noch nicht abgeschlossen. Der Ständerat wird sich erst im Verlaufe des Jahres 1980 mit der Vorlage befassen können. Das neue Gesetz dürfte, wenn es zustande kommt, frühestens zum 1. Januar 1982 in Kraft treten können.

2. Berufliche Alters-, Hinterlassenen- und Invalidenvorsorge (BVG)

a) Im Rahmen des Drei-Säulen-Prinzips[264] soll die berufliche Vorsorge — Personalvorsorgeeinrichtungen — als zweite Säule zusammen mit der ersten Säule, der staatlichen AHV/IV, allen Arbeitnehmern im Hinblick auf die Risiken Alter, Invalidität und Tod die Fortsetzung der gewohnten Lebenshaltung in angemessener Weise ermöglichen. In der Schweiz gibt es mehr als 16.000 private Personalvorsorgeeinrichtungen, die meistens in die Rechtsform von Stiftungen gekleidet sind. Zu ihnen kommen noch die Personalvorsorgeeinrichtungen des öffentlichen Rechts für Beamte und Angestellte des Gemeinwesens. Alle diese Einrichtungen zusammen verfügen über ein Vermögen von mehr als 30 Milliarden Franken[265]. Wohl hat der Bund einige wenige Bestimmungen zur Personalvorsorge erlassen, so z. B. die Art. 331 - 331 c, Art. 339 d OR in der Fassung vom 25. Juni 1971 (Revision des Arbeitsvertragsrechts) und Art. 89bis ZGB, der die Personalvorsorgestiftungen als besonderen Stiftungstypus ausgestaltet[266]. Allein diese Ordnung erfüllt die gesetzgeberischen Aufträge nicht, welche Art. 34quater in den Abs. 3 und 4 BV dem Bund überbindet.

b) Eine Expertenkommission, die vom Eidg. Departement des Innern ernannt worden war, hat in ihrem Bericht vom 16. Juli 1970 die Ein-

---

[263] Eingehend Seiler, SZS 1977, S. 6 ff.; Maurer, SVZ 1977, S. 162 ff.; Berenstein, Semaine judiciaire 1979, S. 122; Büchi, SZS 1977, S. 280, 1978, S. 293 und 1979, S. 296.
[264] Vgl. vorne bei Anm. 182 - 184.
[265] Maurer, SZS 1979, S. 190 und 1978, S. 77.
[266] Maurer, Privatversicherungsrecht, S. 351 f. mit Literaturhinweisen.

führung eines Bundesobligatoriums für die berufliche Vorsorge zugunsten der Arbeitnehmer vorgeschlagen. Anfang 1972 bestellte die AHV/IV-Kommission einen Ausschuß für die berufliche Vorsorge. Er legte bereits am 25. September 1972 den „Bericht und Grundsätze im Hinblick auf das Bundesgesetz" und Ende 1974 einen Vorentwurf zu einem solchen samt einem Kurzbericht vor. Der Bundesrat hat diesen Vorentwurf in seinem eigenen Entwurf zur Hauptsache übernommen, den er zusammen mit der Botschaft zum Bundesgesetz über die berufliche Alters-, Hinterlassenen- und Invalidenvorsorge vom 19. Dezember 1975 (BVG) der Bundesversammlung zugeleitet hat[267]. Der Nationalrat stimmte der Vorlage in der Herbstsession 1977 zu. Seither befaßt sich die Kommission des Ständerates mit ihr. Sie sucht nach Lösungen, die vom bundesrätlichen bzw. nationalrätlichen Projekt grundlegend abweichen und weniger perfektionistisch sind. Es läßt sich zur Zeit nicht voraussagen, wann der Ständerat die Vorlage behandeln und was dabei herauskommen wird. Zudem weisen Anzeichen darauf hin, daß das Referendum ergriffen wird. Das Schicksal des BVG ist heute ungewiß.

---

[267] BBl. 1976 I, S. 149; Frischknecht, SZS 1976, S. 73 ff.; Büchi, SZS 1976, S. 163 f., 1977, S. 269, 1978, S. 284 mit entstehungsgeschichtlichen Hinweisen und 1979, S. 282 f.; Maurer, Sozialversicherungsrecht, S. 108 f.

Dritter Abschnitt

Schlußbemerkungen

Nachdem in den beiden ersten Abschnitten die Bundessozialversicherung gemäß geltendem Recht und ihre Entstehungsgeschichte gezeichnet worden ist, sollen hier einige Einzelaspekte herausgestellt werden.

I. Allgemeines

Der Bund hat die Sozialversicherung nicht auf der Grundlage eines Gesamtplanes aufgebaut. Vielmehr ist er pragmatisch vorgegangen, indem er durch Einzelgesetze, gleichsam in kleinen Schritten, jene Teilbereiche ordnete, für welche der gerade herrschende Zeitgeist günstige Voraussetzungen erwarten ließ. Der Auf- und Ausbau der Sozialversicherung ist ein eindrückliches Beispiel dafür, daß der Bund Sozialpolitik nicht nach Doktrinen gestalten kann, sondern tun muß, was der praktisch-politische Verstand in einer bestimmten Lage als möglich und machbar erscheinen läßt. Dieser Charakterzug schweizerischer Politik läßt sich hinreichend erklären durch die sogleich zu beleuchtenden verfassungsrechtlichen Institutionen, nämlich durch

II. Gesetzesreferendum und Verfassungsinitiative

Ihre juristischen Strukturen wurden bereits skizziert (vgl. vorne 1. Abschnitt, I, 2, b) und ihre Wirkungsweise im jeweiligen rechtsgeschichtlichen Zusammenhang aufgezeigt. Hier seien nochmals einige wichtige Gesichtspunkte ins Licht gestellt.

1. *Das fakultative Referendum*

Das fakultative Referendum hat die Entstehung und Entwicklung der Sozialversicherung stark gebremst und sie zudem teilweise in andere Bahnen gelenkt als dies von den Behörden „programmiert" war. Dies läßt sich in gleicher Weise für die Volksabstimmungen von 1900 und 1931 sagen, mit denen einerseits die „Lex Forrer", welche die Kranken- und Unfallversicherung beinahe perfektionistisch regeln wollte, und andererseits die „Lex Schulthess", mit der eine Alters- und Hinterlassenenversicherung eingeführt werden sollte, verworfen wurden. Das die Kranken- und die Unfallversicherung ordnende KUVG wurde erst in der Volksabstimmung vom 4. Februar 1912, also 12 Jahre nach jener über die „Lex Forrer" angenommen. Die zweite Vorlage über die AHV fand sogar erst rund 16 Jahre nach der Volksabstimmung über die „Lex Schulthess", nämlich am 6. Juli 1947, die Zustimmung des Volkes. Hinsichtlich der Krankenversicherung wies dabei die durch das KUVG zustande gekommene Regelung eine völlig andere Lösung auf, als die „Lex Forrer" sie angestrebt hatte. An die Stelle einer umfassenden gesetzlichen Ordnung der Krankenversicherung trat lediglich ein Subventions- oder Förderungsgesetz, das überdies auf ein Bundesobligatorium verzichtet. Bis heute sind alle Anstrengungen gescheitert, ein solches Bundesobligatorium einzuführen, während es in andern Zweigen der Sozialversicherung wie z. B. in der Unfallversicherung sowie in der AHV/IV verwirklicht wurde. Auch die AHV weist nach dem geltenden Gesetz in wichtigen Gebieten, z. B. hinsichtlich der Finanzierung, der Leistungen und der Trägerschaft grundlegend andere Lösungen auf, als die „Lex Schulthess" sie vorgesehen hatte.

Das Referendum wirft seine Schatten voraus. Es macht sich bereits bemerkbar, wenn Expertenkommissionen oder das zuständige Departement des Bundesrates einen gesetzlichen Erlaß vorbereiten. Schon in Expertenkommissionen zeigt es sich häufig, ob bestimmte Vorschläge in den interessierten Kreisen oppositionelle Strömungen auslösen oder nicht. Dies trifft besonders eindrücklich dann zu, wenn das zuständige Departement seine Lösungsvorschläge zu einer neuen Gesetzesvorlage den interessierten Kreisen zur Vernehmlassung, also zur Stellungnahme, zustellt. Ein anschauliches Bild vermag die Schrift „Bericht und Vorentwurf, November 1978" des Eidg. Departement des Innern zur dornenvollen Teilrevision der Krankenversicherung zu vermitteln. Sie schildert auf S. 2 die Vorschläge einer Expertenkommission und auf S. 3 f. die teilweise ungünstigen Reaktionen im Vernehmlassungsverfahren auf diese Vorschläge. Auf den S. 8 ff. wird dann dargelegt, welche Schlüsse das Departement aus diesen Reaktionen zieht. So weist dieses — wohl als deutliche Anspielung auf das Referendum — auf S. 8 darauf hin, daß die Revisionsvorlage durch ein Bundesobligatorium der Krankenpflegeversicherung „politisch stark belastet würde"; und auf S. 9 verzichtet es auf eine teilweise Finanzierung der Krankenpflegeversicherung durch Lohnprozente, denn ein solcher Vorschlag hatte im Vernehmlassungsverfahren „nur vereinzelt Zustimmung gefunden" (S. 4)[268].

---

[268] Der Bericht erwähnt auf S. 3, daß das Eidg. Departement des Innern 95 Stellen eingeladen hat, zum Bericht der Expertenkommission Bemerkungen und Anregungen einzureichen. Rund die Hälfte dieser Stellen hat von der Einladung Gebrauch gemacht.

Vor allem im Bereiche der Sozialversicherung läßt das fakultative Referendum unsere Demokratie zur eigentlichen Konsensdemokratie werden; es ist für die Bundesbehörden beinahe unerläßlich, die Zustimmung der wichtigsten interessierten Volksgruppen zu haben, wenn einschneidendere Neuerungen verwirklicht werden sollen[269].

2. Die Verfassungsinitiative

Die Verfassungsinitiative hat für die Sozialversicherung erst nach dem Zweiten Weltkrieg Bedeutung erlangt. So sind z. B. in der Zeit vom 2. Dezember 1969 bis 13. April 1970, also innert einem Jahr, nicht weniger als drei Volksbegehren eingereicht worden, die einen weiteren Ausbau der Alters-, Hinterlassenen- und Invalidenvorsorge zum Ziele hatten. Sie haben Bundesrat und Bundesversammlung veranlaßt, einen Gegenvorschlag auf Verfassungsebene auszuarbeiten, der zusammen mit der zuerst eingereichten Verfassungsinitiative dem Volk am 3. Dezember 1972 zur Abstimmung unterbreitet wurde. Das Volk hat ihn angenommen und die Initiative verworfen. Die drei Verfassungsinitiativen haben Bundesrat und Bundesversammlung dazu bewogen, den erwähnten Ausbau beträchtlich zu beschleunigen. Darüber hinaus übten sie weitgehend die Funktion der fehlenden Gesetzesinitiative aus; jede von ihnen enthielt ein ganzes Programm für die künftige Ausgestaltung der genannten Gebiete, das den Gesetzgeber festlegen sollte. Dies hat auch die Verfassungsinitiative vom 31. März 1970 bezweckt, die einen neuen Art. 34bis BV über die Kranken- und die Mutterschaftsversicherung zum Gegenstand hatte. Auch sie legte ein Programm fest, um den Gesetzgeber in der Ausgestaltung dieser Zweige zu binden. Sie wollte den Gesetzgeber überdies veranlassen, die bereits laufenden Revisionsarbeiten zu beschleunigen. Allein sie wurde dann, zusammen mit einem Gegenvorschlag der Bundesversammlung, in der Volksabstimmung vom 8. Dezember 1974 verworfen. Die Verfassungsinitiative hat sich hinsichtlich der Sozialversicherung in neuerer Zeit gleichsam als Motor erwiesen, der die Bundesbehörden zum Handeln zwang. Soweit sie ein Programm für den Gesetzgeber aufstellte, bewirkte sie in einem gewissen Rahmen, daß sich die Bevölkerung im Vorfeld der Abstimmung die Meinung zu diesem Programm bilden konnte. Da die zuletzt genannte Initiative zur Kranken- und Unfallversicherung verworfen wurde, läßt sich mit einiger Wahrscheinlichkeit voraussagen, daß die angefochtenen Programmpunkte — z. B. ein Bundesobligatorium für die Krankenpflegeversicherung — während längerer Zeit nicht verwirklicht werden dürften[270].

---

[269] Maurer, Probleme der schweizerischen Sozialversicherung, VSSR 1973, S. 167.

III. Bunte Vielfalt in der Sozialversicherung[271]

Die bunte Mannigfaltigkeit, die unsere Sozialversicherung charakterisiert, läßt sich bereits aus den bisherigen Hinweisen verstehen. Einige Einzelheiten mögen sie veranschaulichen.

1. Trägerschaft

Schon die Trägerschaft läßt in verschiedener Hinsicht ein Vielerlei erkennen[272]. Erwähnt sei zuerst der Unterschied zwischen Mono- und Mehrfachträgerschaft. Die SUVA besitzt in ihrem Bereich das Monopol, das andere Träger an der Durchführung der obligatorischen Unfallversicherung ausschließt. Gleich ist es mit dem Bundesamt für Militärversicherung. Das andere Extrem findet sich in der Krankenversicherung. Hier herrscht das Prinzip der Mehrfachträgerschaft, wobei zahlreiche Krankenkassen wenigstens teilweise miteinander in Konkurrenz stehen, so daß sie in den gleichen Bevölkerungskreisen um Mitglieder und den Abschluß von Kollektivverträgen werben. Dies gilt ähnlich auch für die Arbeitslosenkassen. Dazwischen stehen die Ausgleichskassen. Man wird auch sie unter dem Begriff der Mehrfachträgerschaft einzureihen haben; allein sie stehen nicht miteinander in Konkurrenz, sondern jede von ihnen hat bestimmte Zuständigkeiten[273].

Auch die juristischen Formen der Versicherungsträger sind vielfältig. Zahlreiche Träger sind öffentliche Anstalten, wobei es rechtsfähige und nichtrechtsfähige gibt. Zu jenen gehören z. B. die SUVA sowie die Ausgleichskassen, nichtrechtsfähige Anstalten sind hingegen mehrere öffentliche Krankenkassen und ebenso Arbeitslosenkassen, die in die kommunale oder kantonale Verwaltung eingebaut sind. Auch öffentliche Körperschaften sind zu erwähnen, da Krankenkassen oft als solche ausgestaltet sind, also öffentliche Krankenkassen, die auf Mitgliedschaft beruhen. Zahlreiche Kranken- und Arbeitslosenkassen sind Subjekte des Privatrechts, nämlich Vereine, Genossenschaften oder Stiftungen. Man pflegt sie die privaten Kranken- und Arbeitslosenkassen zu nennen, die von den öffentlichen unterschieden werden.

Will man das Begriffspaar der unmittelbaren und mittelbaren Staatsverwaltung[274] verwenden, so ist augenfällig, daß die meisten Träger der

---

[270] Maurer, Sozialversicherungsrecht, S. 109 f. und — zur verfassungsrechtlichen Unterscheidung von Gesetzgebungskompetenz und Gesetzgebungsauftrag, verbunden mit einem Programm — S. 126 ff.

[271] Vgl. dazu besonders auch Gysin, Mannigfaltigkeit und Koordination in der Sozialversicherung, SZS 1958, S. 1 ff.

[272] Näheres zum Organisationsrecht bei Maurer, Sozialversicherungsrecht, S. 242 ff.

[273] Ebenda, S. 245.

[274] Ebenda, S. 239 ff.

mittelbaren Staatsverwaltung zugerechnet werden müssen: Sie sind aus der eigentlichen Bundesverwaltung ausgegliederte Verwaltungseinheiten. Davon gibt es nur wenige Ausnahmen, z. B. das Bundesamt für Militärversicherung sowie die beiden Ausgleichskassen des Bundes. Die Sozialversicherung ist in der Schweiz das augenfälligste Beispiel der mittelbaren Staatsverwaltung.

Es wäre mit der föderalistischen Struktur unseres Landes kaum vereinbar, wenn für die gesamte Sozialversicherung ein einziger, hierarchisch gegliederter Verwaltungsapparat, die „Einheitsversicherung", geschaffen würde. Daß eine solche gesamthaft „billiger" wäre, d. h. mit geringeren Verwaltungskosten auskommen würde, als dies beim heutigen System zutrifft, ist nicht beweisbar.

Der Einheitsträgerschaft steht vor allem die schweizerische Tradition entgegen, Neuerungen auf bereits Gewachsenem aufzubauen. Für die Krankenversicherung schreibt schon Art. 34bis Abs. 1 BV vor, daß der Gesetzgeber bestehende Krankenkassen zu berücksichtigen habe. Der Gesetzgeber hat auch bei der Organisation der Arbeitslosenversicherung Rücksicht auf die vorhandenen privaten und öffentlichen Arbeitslosenkassen genommen. Für die Durchführung der AHV/IV ist ebenfalls auf die bereits bestehenden, während des Zweiten Weltkrieges errichteten Ausgleichskassen gegriffen worden. Der Bund nimmt in Aussicht, für die Ordnung der zweiten Säule an die vorhandenen Personalvorsorgeeinrichtungen privater Unternehmer und der öffentlichen Hand anzuknüpfen. Ebenfalls ist vorgesehen, für das erweiterte Obligatorium der Arbeitnehmerunfallversicherung Krankenkassen und selbst private Versicherungsgesellschaften als Träger zuzulassen.

2. Kreis der Versicherten

Der Kreis der versicherten Personen ist in den einzelnen Zweigen unterschiedlich gezogen. Das gilt einmal für das Nebeneinander von freiwilliger und obligatorischer Versicherung[275]. Als Beispiele seien erwähnt: Das älteste noch geltende Sozialversicherungsgesetz, das KUVG, schreibt von Bundes wegen für die Krankenversicherung kein Obligatorium vor, die Kantone dürfen aber für die ganze Bevölkerung oder für einzelne Klassen ein solches anordnen. Die Unfallversicherung ist für bestimmte Gruppen von Arbeitnehmern von Bundes wegen obligatorisch. Daneben hat das KUVG zwei freiwillige Unfallversicherungen für weitere Personengruppen vorgesehen, wobei eine davon einer Haftpflichtversicherung stark angenähert ist. Diese freiwilligen Versicherungen sind jedoch nie verwirklicht worden. Die AHV/IV ist grundsätzlich für die ganze Bevölkerung obligatorisch; für im Ausland woh-

---

[275] Näheres ebenda, S. 264 ff.

nende Schweizer beruht sie dagegen auf Freiwilligkeit. Die Arbeitslosenversicherung ist nach der geltenden Übergangsordnung für Arbeitnehmer grundsätzlich obligatorisch. Nach dem neuen Art. 34 novies BV hat der Bund daneben um eine freiwillige Versicherung der Selbständigerwerbenden besorgt zu sein.

Die Sozialversicherung kennt sowohl die Klassen- als auch die Volksversicherung[276]. Die AHV/IV ist als eine die ganze Bevölkerung umspannende Volksversicherung ausgestaltet. Das KUVG öffnet die Krankenversicherung wenigstens dem Grundsatze nach ebenfalls der ganzen Bevölkerung, während das gleiche Gesetz die Unfallversicherung als Arbeitnehmer- und damit als Klassenversicherung errichtet hat. Die Arbeitslosenversicherung ist in ihrer heutigen Form ebenfalls Klassenversicherung, die sich auf Arbeitnehmer beschränkt, später aber auch, wie bereits erwähnt, Selbständigerwerbenden offenstehen soll. Die Familienzulagenordnung wurde zwar als Klassenversicherung errichtet; sie umfaßt jedoch neben landwirtschaftlichen Arbeitnehmern auch Kleinbauern und somit Selbständigerwerbende.

3. *Finanzierung*

Auf dem Gebiete der Finanzierung läßt sich ebenfalls eine große Vielfalt feststellen. Dies gilt bereits für die *Finanzierungssysteme*[277]. Das reine Umlageverfahren ist für die Militärversicherung vorgeschrieben. Eine Variante des Kapitaldeckungsverfahrens, nämlich das Rentendeckungsverfahren, auch Rentenwertumlageverfahren genannt, hat das KUVG schon bei seinem Erlaß für die obligatorische Unfallversicherung angeordnet. Daneben herrscht das Umlageverfahren mit Schwankungsfonds bei den meisten übrigen Zweigen, namentlich in der AHV/IV und in der Krankenversicherung, vor.

Die Mittel werden in der Unfallversicherung durch *Prämien* allein, in der Militärversicherung nur durch Steuern aufgebracht. In der AHV/ IV, in der Krankenversicherung und anderen Zweigen dagegen gelten gemischte Systeme, indem die Finanzierung sowohl durch Prämien (Beiträge) als auch durch öffentliche Mittel (Steuern), d. h. durch *Beiträge der öffentlichen Hand*[278], erfolgt. Die Beiträge der öffentlichen Hand werden dabei von Zweig zu Zwei abweichend bestimmt.

Die Beiträge oder — synonym — die Prämien werden nach den verschiedensten Gesichtspunkten festgesetzt. Das KUVG hat für die SUVA nach deutschem Vorbild von Anfang an die lohnbezogene Prämie vor-

---

[276] Ebenda, S. 263.
[277] Ebenda, S. 357 ff.
[278] Ebenda, S. 354 ff. und 363 ff.

geschrieben, während in der Krankenversicherung ursprünglich die Individualprämie allein vorkam und erst später, mit der gesetzlichen Einführung der Kollektivversicherung, durch die lohnbezogene Prämie ergänzt wurde. Diese letztere hat sich dann in den meisten übrigen Zweigen, in welchen überhaupt Beiträge erhoben werden, für den Normalfall durchgesetzt. In der AHV/IV mußten daneben für die Nichterwerbstätigen andere Bestimmungsgrößen, u. a. auch das Vermögen, berücksichtigt werden.

Das Äquivalenzprinzip, d. h. das versicherungstechnische Gleichgewicht zwischen Prämien einerseits sowie Risiko und Versicherungsleistungen andererseits, wird teils stark, z. B. in der obligatorischen Betriebsunfallversicherung, teils nur schwach oder gar nicht, z. B. in der AHV/IV, berücksichtigt. Erst durch die Einführung der AHV/IV wurde das Solidaritätsprinzip weit in den Vordergrund gerückt. Das den Beiträgen zugrunde gelegte Erwerbseinkommen wird hier nach oben nicht begrenzt, so daß Personen mit höherem Einkommen ihre Beiträge zugunsten von Personen mit geringerem Einkommen bezahlen. Soweit dies zutrifft, handelt es sich nicht mehr um einen Beitrag im versicherungsrechtlichen Sinn, sondern um eine öffentliche Abgabe (sog. Gemengsteuer)[279]. Auch hinsichtlich des Beitragsschuldners bestehen bedeutende Unterschiede, die hier nicht weiter aufgezählt werden[280].

4. Leistungsrecht

Das Leistungsrecht[281] zeichnet sich ebenfalls durch einen Reichtum an Variationen aus. Es gelten die verschiedensten Prinzipien bei seiner gesetzlichen oder statutarischen Ausgestaltung. In mehreren Zweigen sind die Leistungen seit dem Zweiten Weltkrieg stark ausgebaut, also z. B. die AHV/IV-Renten weit über die Teuerung hinaus erhöht worden. Namentlich auch in der Krankenversicherung ist ein beträchtlicher Ausbau der Leistungen zu verzeichnen, der z. B. aufgrund der Revision des KUVG vom 13. 3. 1964 und dann auch durch die Kassen selbst, ohne gesetzlichen Zwang, erfolgte.

IV. Rechtliche Entwicklungstendenzen

1. Hinwendung vom privaten zum öffentlichen Recht

Das KUVG kannte zur Zeit seines Erlasses nebeneinander öffentlich- und privatrechtliche Versicherungsverhältnisse: öffentlich-rechtlich geregelt waren die Versicherungsverhältnisse in der obligatorischen Un-

---

[279] Ebenda, S. 378. — Volkswirtschaftlich dient der Solidaritätsbeitrag der vertikalen Umverteilung von Einkommen.
[280] Ebenda, S. 373.
[281] Näheres ebenda, S. 292 ff.

fallversicherung und in der Krankenversicherung für die öffentlichen Krankenkassen, privatrechtlich jene für die privaten Krankenkassen. In der Arbeitslosenversicherung bestanden ursprünglich ähnlich der Krankenversicherung ebenfalls beide Lösungen nebeneinander. Das BG über die Arbeitslosenversicherung vom 22. Juni 1951 leitete in dieser Hinsicht eine neue Entwicklung ein. Es räumte den privaten Arbeitslosenkassen die Kompetenz ein, im konkreten Einzelfall Verfügungen zu erlassen und damit Rechte ebenso wie Pflichten der Versicherten und Beitragspflichtigen einseitig und verbindlich festzulegen. Solche Verfügungen konnten formelle Rechtskraft erlangen. Mit dieser Regelung hat der Bund Privatrechtssubjekten — Vereinen und Genossenschaften — hoheitliche Gewalt eingeräumt. Er hat diese Entwicklung mit der Revision des KUVG vom 13. März 1964 fortgesetzt, indem er den privaten Krankenkassen ebenfalls die Kompetenz zum Erlaß von Verfügungen und damit hoheitliche Gewalt verlieh. Die gleiche Tendenz verfolgt er mit der laufenden Revision des KUVG hinsichtlich der Unfallversicherung, indem er auch privaten Versicherungsgesellschaften, die als Träger zugelassen werden, hoheitliche Gewalt gewähren will. In den übrigen Zweigen wurde das Versicherungsverhältnis von Anfang an öffentlich-rechtlich konzipiert.

Diese Hinwendung vom privaten zum öffentlichen Recht schlug sich auch in der Rechtspflege nieder. Für die Beurteilung von Streitigkeiten aus privatrechtlich geregelten Versicherungsverhältnissen waren ursprünglich die Zivilgerichte zuständig. Mit der Umwandlung in das öffentliche Recht ordnete der Gesetzgeber auch die Rechtspflege neu, indem Verwaltungsgerichte — kantonale Versicherungsgerichte, Rekurskommissionen usw. — an die Stelle der Zivilgerichte traten. Diese Entwicklung fand ihre Krönung dadurch, daß als oberstes Gericht für die ganze Sozialversicherung das Eidgenössische Versicherungsgericht eingesetzt wurde und — mit der Novelle zum Bundesgesetz über die Organisation der Bundesrechtspflege vom 20. Dezember 1968 — die Sozialversicherungsgerichtsbarkeit in die Verwaltungsgerichtsbarkeit eingebaut wurde.

Die schweizerische Sozialversicherung ist geradezu ein Musterbeispiel für die Belehnung von Privatrechtssubjekten mit hoheitlicher Gewalt und für die Umwandlung von privatrechtlichen in öffentlich-rechtliche Institutionen.

2. Probleme der Koordination

Die pragmatische Regelung der Sozialversicherung durch Einzelgesetze hat im Lauf der Zeit Mängel der Koordination, der Harmonisierung, immer deutlicher in Erscheinung treten lassen. Solche Mängel ließen sich vornehmlich im Leistungsrecht, teilweise aber auch im Beitragsrecht und im Verhältnis zum Haftpflichtrecht erkennen. Gleiche Fragen waren in verschiedenen Zweigen unterschiedlich oder auch gar nicht geregelt. Dies gilt z. B. für die Institute der Verjährung, Verwirkung, Rückforderung nichtgeschuldeter Zahlungen, Fristen, dann für das Zusammenspiel mehrfacher Leistungen usw. Es dürfte nunmehr der Zeitpunkt gekommen sein, in welchem der Gesetzgeber diesen Problemen vermehrte Aufmerksamkeit schenkt, indem er z. B. Parallelbestimmungen besser miteinander in Einklang bringt oder einen Allgemeinen Teil schafft, Versicherungslücken schließt usw.

V. Unerledigte Gesetzgebungsaufträge der Bundesverfassung

Die Bundesverfassung enthält im Hinblick auf die Sozialversicherung neben Kompetenzartikeln auch eigentliche Aufträge an den Bundesgesetzgeber[282]. Noch nicht erfüllt hat dieser den Auftrag, die berufliche Vorsorge im Sinne von Art. 34 quater BV durch Bundesgesetz zu regeln (zweite Säule). Immerhin liegt eine Vorlage zur Zeit vor der Bundesversammlung zur Behandlung. Für die dritte Säule — Selbstvorsorge —, die Abs. 6 des gleichen Artikels vorschreibt, hat der Bundesrat noch keinen Gesetzesentwurf vorbereitet. Überdies verpflichtet Art. 34 quinquies Abs. 4 BV den Bund, „auf dem Wege der Gesetzgebung die Mutterschaftsversicherung" einzurichten. Ein entsprechender Gesetzesentwurf liegt noch nicht vor. Das KUVG enthält zwar einzelne Bestimmungen zur Mutterschaft, sie genügen aber dem Verfassungsauftrag nicht.

---

[282] Vgl. dazu ebenda, S. 126 f.

Literatur

(Zitiert werden in den Anmerkungen meistens der Name des Autors und die hier kursiv gesetzten Stichworte; weitere Literatur in den Anmerkungen.)

Aubert, Jean-François: *Traité* de droit constitutionnel suisse, 2 Bände, Neuchâtel/Paris 1967

Bassegoda, Jean: 75 Jahre *Militärversicherung*, 1901 - 1976, Bern 1976

Benöhr, Hans-Peter: *Crise et législation sociale*: l'exemple du 19e siècle. Université de Neuchâtel, Conférences universitaires, 1977

Bigler-Eggenberger, Margrith: *Soziale Sicherung* der Frau, Bern und Frankfurt a. M. 1979

Burckhardt, W.: *Kommentar* der schweizerischen Bundesverfassung vom 29. Mai 1874, 3. Aufl., Bern 1931

Denkschrift s. unter Schweizerische Unfallversicherungsanstalt

Fleiner, Fritz: Schweizerisches *Bundesstaatsrecht*, 1. Aufl., Tübingen 1923

Fleiner / Giacometti: Schweizerisches *Bundesstaatsrecht*, Neubearbeitung der ersten Hälfte des gleichnamigen Werkes von F. Fleiner, Zürich 1949

Furrer, Alfons: Entstehung und Entwicklung der schweiz. Sozialversicherung, Freiburger Diss., 1952

Gautschi, Willi: Der *Landesstreik* 1918, Zürich 1968

Graf, Jakob: Aus der Geschichte der AHV, ZAK 1979, S. 291, 386 und 525

Grobéty, Dominique: *La Suisse* aux origines du droit ouvrier, Freiburger Diss., 1979

Gruner, Erich: Die *Arbeiter in der Schweiz* im 19. Jahrhundert. Soziale Lage, Organisation, Verhältnis zu Arbeitgeber und Staat, Bern 1968

Hauser, Albert: Schweizerische *Wirtschafts- und Sozialgeschichte*, Zürich und Stuttgart 1961

Holzer, Max: *Kommentar* zum Bundesgesetz über die Arbeitslosenversicherung, Zürich 1954

Hug, Walther: Die Kodifikation des Arbeitsrechts, SZS 1979, S. 161 ff.
— *Kommentar* zum Arbeitsgesetz, Bern 1971
— Privatversicherung und Sozialversicherung, SZS 1963, S. 1, 98 und 175

Landmann, Julius: Die *Arbeiterschutzgesetzgebung* der Schweiz, Basel 1904

Maurer, Alfred: Die soziale Alterssicherung der Frau in der Schweiz, SZS 1979, S. 187 ff.
— Einführung in das schweizerische *Privatversicherungsrecht*, Bern 1976
— Grundriß des Bundessozialversicherungsrechts, Ringbuch, Zürich 1974

— *Kumulation und Subrogration* in der Sozial- und Privatversicherung, Bern 1975
— *Recht und Praxis* der schweizerischen obligatorischen Unfallversicherung, 2. Aufl., Bern 1963
— Schweizerisches *Sozialversicherungsrecht*, Band I, Allgemeiner Teil, Bern 1979

Müller, Stefan: Entstehung und Entwicklung der *AHV* von 1945 - 1978, Freiburg 1978

Oertli, Ulrich: *Unfallversicherung*, obligatorische, in: Handbuch der schweizerischen Volkswirtschaft, Band II, Ausgabe 1955, S. 463 f.

Pfluger, Adelrich: Juristische *Kartothek* der Krankenversicherung, 2. Aufl., Solothurn

Piccard, Paul: *Haftpflichtpraxis* und soziale Unfallversicherung, Zürich 1917

Saxer, Arnold: Die *soziale Sicherheit* in der Schweiz, 4. Aufl., Bern/Zürich 1977

Schaeppi, Christian Heinrich: Der Anspruch auf *Kinderzulagen*, unter besonderer Berücksichtigung der sanktgallischen Gesetzgebung, Berner Diss., 1974

Schatz, B.: *Kommentar* zur Eidgenössischen Militärversicherung, Zürich 1952

SUVA: Schweizerische Unfallversicherungsanstalt, Luzern

Schweizerische Unfallversicherungsanstalt: 50 Jahre SUVA 1918 - 1968, *Denkschrift*, 1968

Tschudi, Hans Peter: Die verfassungsrechtlichen Grundlagen der Sozialversicherung, SZS 1979, S. 81 ff.
— Ziele und Stand der Sozialversicherungsrevisionen, SZS 1977, S. 179 ff.
— 25 Jahre Ausgleichskassen, SZS 1965, S. 89 ff.

Vogel, Walter: *Bismarcks Arbeiterversicherung*. Ihre Entstehung im Kräftespiel der Zeit. Braunschweig 1951

Wannagat, Georg: *Lehrbuch* des Sozialversicherungsrechts, Band I, Tübingen 1965

Zacher, Hans F.: Das neue Sozialgesetzbuch — der Einbau der Sozialversicherung in das Sozialleistungssystem, SZS 1979, S. 249 ff.

Printed by Libri Plureos GmbH
in Hamburg, Germany